フィギュール彩 41

INVENTING THE CONSTITUTION:
HOW TO RESTRAIN THE ABUSES OF POWER
KEN KONDO

憲法の誕生

権力の危険性をめぐって

近藤 健

figure Sai

彩流社

目次

はじめに

第二次安部内閣発足(二〇一二年十二月)以後、自民党による日本国憲法の改憲の動きが靴音を立てている。同年四月に公表した最新の同党憲法改正案に則って、まずは、改正手続きが厳しすぎると、手続きを定めた第九十六条の改正を打ち上げた。これは改憲を容易にするための「裏口入学」とか、サッカーにたとえればいきなり相手ゴールポストを手前に移すような卑怯なルール違反と、厳しい批判に晒されて、撤回せざるをえなかった。主眼は、国防軍を設置して軍隊の海外派遣を容易にする第九条(戦争の放棄)の改正だが、これに国民の支持が得られないとみるや、解釈改憲によって集団的自衛権行使容認を閣議決定(二〇一四年七月)した。二〇一五年にはいって、そのための関連十一法案を一括して審議するという無謀な安全保障法制策定へ走った。そして、この法制は違憲との大方の憲法学者や元最高裁判事の見解を無視して九月参議院で強行採決してしまった。これは憲法無視、立憲主義否定の行為である。

自民党は、その改正案は「学級目標みたいなもの」(磯崎陽輔首相補佐官)、「レストランのメニューみたいなもの」(船田元自民党憲法改正推進本部長)などといって、改正案批判の矢を避けようとしている。一見、改憲の靴音は低くなったかのようだが、合意が得られそうと自民党が考える「環境権」とか「緊急事態条項」などの「お試し改正」によって改憲になれさせる迂回作戦にでていて、安部政権下でのいわゆる「自主憲法」への執念は一向に衰えていない。もし、参議院で与党が三分の二以上の議席を占めれば、その勢いは加速するに違いない。

このような動きのなかで「憲法とは何か」を考える気運が人びとのあいだに盛り上がってきたが、筆者は、改めて自民党改正案を読みすすめるうちに、今から二百三十年近く前のアメリカ合衆国憲法制定会議を想起したのである。近代初の共和国憲法、それも民主主義的憲法の制定の議論をたどると、そこにアメリカという一社会を超えた、近代立憲主義の要諦をみるのである。これに照らして、自民党改正案の思想、特に基本的人権に関する考え方に驚くのである。

特有の経験と歴史を持つアメリカ合衆国という一国の憲法は、「政治文書」あるいは「歴史文書」でもある。この憲法は、結果として「妥協の束」といわれる。たしかに、後述するように、当時のアメリカの政治社会状況を反映して、人口の多い大邦と少ない小邦、南部の農業邦と東部の商業邦、奴隷制度・奴隷輸入の是非などをめぐる対立の妥協の結果が、憲法の条項に盛り込まれている。後代からみれば、欠陥も多い。特に、アメリカの原罪といわれる奴隷制の容認は、「すべての人は平等に造られ、造物主によって一定の奪うことのできない権利をあたえられ」た、と独立宣言にうたわれた人権思想と真っ向から反するもので、この問題は南北戦争という血みどろの内戦によってでしか解決されなかった。

しかしながら、制定会議の議論およびその後の憲法批准をめぐる議論の根底にあったのは、国家創生あるいは統治のための権力の必要性と、革命戦争によって勝ち得た人民の自由と権利を侵しかねない権力の危険性とを、どう調和させるかという、近代立憲主義の課題であった。議論の核心は、統治の必要と権力への懐疑、多数の専制への懸念、そしてなによりも権力が犯しかねない人民の自由と権利をいかに守るか、であった。

ここに二百三十年近く前のこの憲法制定の議論が今日的意義をもっている、と筆者は考える。それは権力構成にあたって肌で感じたこの権力の危険性を過敏なまでに論じ、近代立憲主義の典型として、アメリカを超えた普遍的な人権思想に寄与しているからである。その「権利の章典」をめぐる議論とその後の欠陥の是正、進化は、アメリカ合衆国憲法固有の話ではなく、アメリカという一国一社会を超えた民主主義社会の普遍的課題であり、民主主義憲法の根幹をなすものであって、日本国憲法改正の動きとも密接に関連する話なのである。

日本国憲法は占領下でアメリカに「押し付けられた」ものであるから「自主憲法」を作成しなければならないと、憲法改正を党是とする自民党は、二〇一二年四月、「日本国憲法改正草案」を公表した。改憲論議のなかで、衆目は戦争放棄の第九条改正に集まりがちであるが、それに集中するあまりに看過しかねないのが、第三章の基本的人権に関する自民党の改正案内容である。そこには、一見差し障りのないような文言によって近代立憲主義の根幹である市民的自由と権利を制限する意図がむしろ露になっている(これについては最終章で詳述する)。

「押し付け」論がいかに皮相的な議論であるか、いま一度、日本国憲法の制定過程を振り返ってみよう。

連合軍実質的には米軍占領下の一九四六年の憲法制定過程で、連合軍総司令部(ＧＨＱ)案が日本政府に提示され、それを基に日本国憲法が作成されたという意味で、形式上、外観上「押し付けられた」「与えられた」といいうるかもしれない。ではなぜ「押し付けられた」のか。明治帝国憲法の改定作業はポツダム宣言による日本民主化方針に従って敗戦後すぐに始まったが、当時の日本政府の改定案は民主主義にほど遠いものであった。国務大臣松本烝治のもとで作られた改正案は、明治憲法の天皇中心の体制を維持すべく同憲法の多少の手直しに過ぎなかった。民主主義の根幹である国民・人民の権利についてはほとんど言及せず、敗戦の意味、ポツダム宣言受諾の意味をまったく理解しない内容であった。これではＧＨＱが認めるわけがなく、「押し付け」といわれる総司令部案が提示されたのである。その内容は、戦争放棄の条項を除けば、近代立憲主義憲法の常識であった。要するに、あまりにも旧態依然、現状維持を謀る日本政府に「押し付けられた」のである。当時の日本政府は民主主義憲法の制定能力を欠いていた。さらに、憲法案の審議過程では、国会は自らの判断でさまざまの修正、挿入を行っており、ＧＨＱ案を鵜呑みにしたわけではない。また、忘れてはいけないことは、当時、ＧＨＱ案よりも前に民間でさまざまの憲法草案が発表され、それは人権に関してGHQ案とほぼ同一であったことである。一九六八年に発見された明治の自由民権運動期の「五日市憲法草案」(一八八一年起草)の人権条項もそうであるように、明治初期以来、民間の人びとは「押し付けられた」といわれる価値観をすでに共有していたわけで、かれらは「押し付けられた」とは考えもしなかったのである。(制定過程については、古関彰一著『日本国憲法の誕生』岩波現代文庫など参照)

さらに、文化受容の過程からみれば、価値観の「押し付け」があったとしても、それは永続しえない。「押し付け」という以上、そこには強制を含意する。占領という強制がはずれれば、その「押し付けられた」ものが被治者の意思あるいは日本の文化・社会とまったく反したものであれば、なんらかのかたちでそれは放擲あるいは拒絶されるのが、文化受容の過程である。しかるに、日本国民は、日本国憲法の精神、そこに示された人権の価値を抱きしめてきた。明治初期の自由民権運動における民間草案、大正デモクラシー、そして占領期の民間草案を想起したい。日本国憲法に盛り込まれた精神は、決して「押し付けられた」ものではなく、明治維新以来、脈々と流れているのである。この基本的人権を「押し付けられた」と制限しようとする自民党改正案の思想は、近代立憲主義に逆行するものといわざるを得ない。

君主制が当たり前の十八世紀後半という時代に、初めての近代共和国成文憲法それも民主主義的憲法を制定する会議の議論を振り返ることは、そこに表れた欠陥をも含めて、近代立憲主義の精神と原則とを確認する作業である。そこに示されたくどいほどの熟議、個人の良心に基づく採決投票、そして党派的多数決による安易な改正を防ぐ方法など、日本の改憲論議に参酌すべきことが多々ある。

後述するように、この制定会議は秘密会であった。討論内容の詳しい公式記録はない。さいわい、会議の主役の一人、ジェイムズ・マディソンが討議展開の克明な記録をとっていた。彼の死後に公開された膨大な記録を歴史家マックス・ファーランドが編集・編纂して『一七八七年の連邦会議の記録』(一九三七年)が出版された。

本書の目的は、この記録にもとづいてその熟議の内容及びその後の修正手続きを追うことによって、昨今の日本国憲法の改憲論と改憲手続きに、特に自民党改正案を覆う思想に、警鐘を鳴らすことにある。

第1章　舞台は整う

一七八七年五月、北アメリカのペンシルヴェニア邦フィラデルフィア。アメリカ独立宣言を起草し発表した場であった議事堂で、十四日からアメリカ合衆国憲法を制定する連邦会議が開かれる予定だった。だが、当日までに集まった邦代表は、十三邦のうち、ヴァジニアと地元ペンシルヴェニアの二邦からのみだった。

独立戦争の大陸軍総司令官ジョージ・ワシントンはヴァジニア邦代表として十三日夕方、市民の喝采に迎えられて到着したが、十五日になっても新たな代表は到着しない。ノースカロライナとデラウエア、それにニュージャージーから代表が一人ずつ来たが、各邦二名から七名の代表を送り二名以上をもって代表権が成立するという規則だから、会議成立の定足数七邦の代表団にはほど遠い。無理もなかった。なにしろマサチュセッツのボストンからフィラデルフィアまで直線距離にして約四百三十キロ、南部ジョージアのアトランタからは千キロ以上もある。加えて、そのころの悪天候もあって、馬車による行路は難渋であった。

先着した代表たちのなかには、これでは会議は成立しないのではないかと危ぶむ声も聴かれた。二十日になってワシントンは「この遅延は約束通りに来た代表たちの気分を著しく害している。彼らは時間を無駄にすることを嫌っている」と友人に書き送っている。

ぼつぼつと代表たちが到着して、予定より遅れること十一日、ようやく七邦の代表団がそろって定足数に達したのは二十五日金曜日であった。デラウエア、ニューヨーク、ニュージャージー、ノースカロライナ、サウスカロライナ、ペンシルヴェニア、ヴァジニアの七邦である。会議開始となったその日、ワシントンが満場一致で議長(president)に選ばれた。ペンシルヴェニア代表でアメリカ革命を象徴する長老、八一歳のベンジャミン・フランクリンを議長にという声もあったが、高齢で健康は順調ではなく、その日は出席しなかった。その後、フランクリンは市の屈強な囚人四人が担ぐ輿に乗って議場入りし、その姿はこの会議の重要性を印象づけるものだった。

こうして、初の近代共和国成文憲法制定の作業が始まった。五月二十五日から憲法案が最終的に決まった九月十七日までの四か月近く、フィラデルフィアの暑い夏の間、さして広くない議場で、日曜日を除いて毎日、黒ずくめの紳士たちは延々と激論を交わした。

十三の植民地が独立(一七七六年)してユナイテッド・ステーツ・オブ・アメリカとなってすでに十一年たった。英国との独立戦争は一七八三年のパリ講和条約でイギリスがアメリカの独立を認めて終結、それから四年たっている。それなのに一七八七年になぜいま憲法制定なのか。それまではどんな国家だったのか、あるいは国家ではなかったのか。国の形体および政治体制を定める憲法は存在しなかったのか。

一七八七年当時のユナイテッド・ステーツ・オブ・アメリカは、一つの国家ではなく、それぞれ固有の歴史を有する十三の主権をもった小さな共和国＝邦の連合であった。一七七六年の独立宣言とは「十三のアメリカ連合諸邦の全員一致の宣言(The Unanimous Declaration of the Thirteen United States of America)」である。独立戦争を戦うために組織された大陸会議、のちの連合会議は、独立宣言後、各邦に憲法制定を勧めたように邦の主権を承認したのである。各邦は、数年のうちにこぞって憲法をつくった。

大陸会議は戦争遂行協力を強化する目的で、翌年一七七七年十一月「共同の防衛、諸邦の自由の確保、全体の福祉のため、強固な友好同盟」を結ぶための「連合規約」を制定した。ここであらためて連合の名称をthe United States of Americaと定めたが、この場合のステーツは独立性の強い「邦」であり、それは「アメリカ諸邦連合」というべきものであった。

同規約は統治機構として各邦平等の一票の投票権を持つ連合会議を設置し、「各邦は、その主権、自由、独立、ならびに連合会議(congress)に対しこの連合規約によって明白に委任されていない一切の権限、管轄権、権利を保持する」と規定した。連合会議が有する排他的権利・権限は、宣戦・講和の決定、条約・同盟の締結、大使派遣・接受の経費の確定など外交権に関するもの、硬貨の純分比率・価値の規定、全邦共通の度量衡の確定などに限られた。

連合会議は、規約によって、各邦の立法権が自邦民に課している輸入関税や諸関税を外国人に課すことを制約したり、また商品・農作物の輸出や輸入を制約するような通商条約は一切締結してはならないと禁止されたのである。肝心の戦費については、各邦が邦内のすべての土地の価値に応じて拠出するものとし、その分担金を支払うための税は各邦立法部の権限と指示によって課せられるものとした。つまり、連合会議には戦費調達のための課税権も通商規制権も委任されなかった。戦費の拠出は義務規定で各邦の意思に任され、支払いを遅延あるいは拒否しても、徴収する強制力は持たなかった。加えて、規約は行政責任者を定めず、すべては連合会議の合議に任された。この一院制の「政府」の決定は、戦争行為、貨幣の鋳造・価値の統制、戦費その他経費の確定、公債および借款などについては九邦の賛成を要した。またこの規約の改正には全邦一致の賛成を必要とした。これは人口の少ない小邦の主張したものだった。連合規約の討議の際、大邦ペンシルヴェニアの代表であるベンジャミン・フランクリンは「小邦に平等の戦費負担、平等の兵力負担、そして平等の票を持たせよう。小邦が平等の負担なしに平等の票をもつならば、そんな不当な基盤に立つ連合は決して長続きしないであろう」と予言した。小邦は、大邦は数によって権力を得れば必ず小邦を抑圧することは歴史が証明していると反論。この議論は憲法制定会議でも繰り返されることになる。

出来上がった連合規約は、要するに、十三邦を効果的に統治するには、実質的に無力といってよいものだった。

それでも、独立戦争中は勝つために協力が優先したが、パリ条約で戦争が終わると、連合規約の欠陥が明らかになってくる。外敵の圧力がなくなって、連合会議に代表を送らない邦が増えて定足数不足で会議が開けないことがしばしばおこり、たまに下された決定を反対する邦が無視するようになったりして、連合会議は機能しなくなったのである。通商規制権がないため、各邦は他邦より有利になるよう関税を勝手に掛け合い、また外国との通商を画策するなど無秩序に陥り、さらに課税権がないため戦費調達の公債・借款の支払いはめどが立たなかった。戦費負担も支払を拒否する邦も出て、連合としてはいわば無政府状態となっていった。この状況に付け込んで、アメリカ連合を解体させようとする外国の動きもみられるようになってくる。

この危機に直面して、連合規約を改正して連合に課税権と通商規制権を与える試みが幾度かなされたが、規約改正は全邦一致の規則のため、無為に終わった。その一つの試みが一七八六年九月のアナポリス会議であった。

危機感を募らせたヴァジニア邦の議会は、各邦にたいし、通商問題を討議するためにメリランド邦アナポリスで九月十一日から十四日まで会議を開きたいので代表を派遣するようにと呼びかける決議を採択した。九邦がこれに応じたが、当日に集まったのは、デラウエア、ニュージャージー、ニューヨーク、ペンシルヴェニア、ヴァジニアの五邦十二人のみだった。しかし、会議の主役ヴァジニアのジェイムズ・マディソンやニューヨークのアレクサンダー・ハミルトンはめげなかった。

彼らは、連合を統合する強力な国家政府(national government)なくして、連合解体の危機を救えないとの信念を抱いていた。そのためには、全邦一致の賛成が必要な連合規約改正ではなく、新たな規約すなわち連邦憲法を作るほか道はなかった。しかし、いきなりあからさまにそれを主張し訴えても、主権をもち独立した小さな共和国のみが人民の自由を保障できると信じられていた当時の各邦の賛成を得られる望みはなかった。

そこで、マディソンたちは、「連合(union)の緊急事態に対処するため適切な連邦政府(federal government)の構築を考慮するために必要と思われる規約条項を工夫するために」という回りくどい表現で、新たな連邦会議を開き、十三邦が代表を送るよう提案した報告を連合会議に送り、連合会議から公式に招請状を出すよう求めたのである。だが、連合会議では、現在の体制が不十分であるとしても、規約改正ならば連合会議こそ正当な場であるとする意見や、まず邦議会で討議すべきであるといった意見がでてまとまらず、すぐには行動をとらなかった。ようやく一七八七年二月二十一日、危機感を共有していた連合会議は「政府の緊急事態と連合の維持とに適するように」「連合規約改正を唯一明白な目的として」五月の第二月曜日にフィラデルフィアで各邦代表による会議を開くと決議した。

こうして、五月十四日が会議開催日となった。連合規約の改正を唯一の目的とされたが、強力な国家政府を目指すナショナリストたちは、当初から新しい憲法の制定を描いていたのである。

＊　＊　＊

かくして始まった連邦会議は、ジョージ・ワシントンを議長に選出した後、まず会議の議事規則つくりに入った。討議の結果、決まった主な規則は次の三点であった。

一、採決は一邦一票とし、各邦は代表団の多数決でその票を決める。賛否同数の時は無効とする。（これは連合会議と同じ）

一、いかなる投票も最終的なものとせずに、議題を再度付議し、代表たちの考えが変われば新たな投票にかける。

一、会議は秘密会とする。許可なしに議事録のコピー持ち出しは禁止、発言は許可なく印刷あるいは公開してはならない。

いちど採決に付した議題を再び取り上げて再採決できるというルールは、結果として、きわめて有用であった。議論をたたかわせるうちに自らの立場を変える自由を与えたのである。各邦間で利害が対立し、また権力の必要性と危険性との調和を探るとき、同じ問題で繰り返し討議をするいわば熟議方式がなければ、最終的な憲法案成立は望みえなかったのではないか、と思われるのである。この会議では、条文採択について五百六十六回の採決が行われた。

非民主主義的ともいえる秘密会にした理由は、会議が公開されれば各邦の代表はさまざまな圧力を受け、開かれた心で課題に接し自由で率直な意見を披歴する機会を失い、討議の経過で意見を変えることが困難になって、議論が硬直化してしまう、という懸念からだった。そのため会議場の窓には黒幕が張られ、声が外に漏れないように細心の注意を払い、当時の紳士の服装である黒いウールのコートを着た代表たちは、ただでさえ暑いフィラデルフィアの夏の間、蒸風呂のような部屋で議論を交わすことになった。

ここで、この会議の重要な登場人物を紹介しておこう。

最後まで代表を送らなかったロードアイランドを除いて、十二邦は合計七十四人の代表を選出したが、会議に出席したのは五十五人。平均年齢は四二歳。最高齢はフランクリンの八一歳で、最若年はニュージャージー代表の二六歳。六〇歳を超えていたのは四人のみ。ワシントンは五五歳だった。つまり会議の主役は三〇～四〇台の壮年であった。

五十五人のうち、大学卒二十六人(植民地には大学が八あった)。半分以上が法律家で、その他は裕福な商人、プランテーションの主、大学の教授であり、二十八人は邦議会や大陸会議・連合会議の代表を経験していた。外国生まれが九人。独立宣言の署名者が八人含まれていた。要するに、学歴、政治経験、経済状態などすべてからみて、当時の教養豊かなエリート層を代表していた。この五十五人が、会議期間中、常に出席していたわけではない。それぞれ仕事を持ち、会議途中、所用で欠席するものもいた。

このうち、会議でもっとも多く発言し憲法起草に影響力を発揮したのは、次の三人である。いずれも強力な中央政府を指向するナショナリストだった。

まず、ヴァジニア邦代表のジェイムズ・マディソン。当時三六歳。身長一六三センチ、体重四五キロ足らずの小柄だが、憲法会議では二百回以上発言、温和な態度とその博識と思慮深い議論によって会議をリードした。安定した活力のある国家政府を求め、連邦共和国制、権力の抑制均衡理論を説き、「憲法の父」といわれる。体格のせいで、独立戦争の兵士にはなれなかった。

奴隷数百人所有のタバコ・プランテーションを父親から引き継ぎ、その財力が彼の政治活動専念を支えた。一八歳でのちのプリンストン大学となるニュージャージー・カレッジに入学、ラテン語、ギリシャ語、数学、哲学、修辞学を学び、さらにヘブライ語を習得。革命戦争期にヴァジニア邦議会の議員を幾度か務め邦憲法起草に参画したが、そのころすでに邦全体の利益に反するような議員たちの行動に疑問を抱き始めていた。連合会議のヴァジニア代表(一七八四~八六)にも選ばれたが、各邦の利害が優先する連合会議の機能不全に挫折しアナポリス会議を呼びかけたことは前述したとおりである。

憲法批准論争の際、憲法案擁護の論陣をハミルトンとともに新聞紙上で展開、それはのちに『ザ・フェデラリスト』として一冊の書物にまとめられた。これはアメリカ政治思想の古典的名著とされる。第四代大統領。

ペンシルヴェニア代表のジェイムズ・ウィルソン。四四歳。スコットランド生まれのこの法律家は、会議代表のなかで人民主権論に立つ徹底した民主主義者で、会議では百六十回以上発言した。エディンバラ、グラスゴウ大学でデーヴィッド・ヒュームやアダム・スミスなどのスコットランド啓蒙思想について学び、二四歳の時フィラデルフィアに移住、そこで弁護士資格を得て、著名な法律家・弁護士となった。ペンシルヴェニア民兵軍に加わるなど独立運動に積極的に参加、独立宣言署名者の一人である。連合会議の代表として、国家政府の強化を求めた。「世界のすべての政治制度を熟知した人物」といわれ、憲法づくりにマディソンと比肩する貢献をした。のち連邦最高裁判事をつとめた。

もう一人、ペンシルヴェニア代表のグーヴァニュア・モリス。三五歳。奴隷制に反対、信教の自由を擁護、人民は各邦の市民ではなく一個の強力な連邦(union)の一員としての市民であることを主張し、憲法前文の書き出し「We the People of the United States われわれ合衆国人民は」の創案者といわれる。会議では百七十回以上発言、強力な中央政府を主張するもっとも率直なナショナリストで、憲法最終案の起草をになった「文体調整委員会」五人の委員のリーダーとして、憲法のいわば編集者の役割を担った。

ニューヨークの貴族的な大地主の家に生まれ、のちにコロンビア大学となるキングズ・カレッジに入学、啓蒙哲学を学び、その後弁護士資格をえた。両親は親英国派であったが、独立支持の愛国者の運動に参加、一度は連合会議代表に選ばれたが、反中央政府派が強かった同邦で選挙に敗れ、フィラデルフィアに移った。一七八〇年に馬車の事故で左足を切断、木の義足をつけていたが、身長二メートル近い大柄で押し出しがつよく、その辛辣無遠慮な発言で政敵もつくった。その後、フランス全権公使となりフランス革命を目撃した。

この三人についで発言が多く、上記三人とは反面的な影響を与えた重要人物に、ヴァジニア代表のジョージ・メーソンがいる。当時六一歳のメーソンは、革命世代の長老の一人であった。彼は、なんらかの国家政府の必要を認識してはいた。だが長い対英闘争の経験から、強力な中央政府に不信と危惧を抱いていた。特に行政府に強力な権限を持たせることは、革命で勝ちとった人民の自由を危うくする、すなわち、権力の危険性に敏感であった。討論にずっと参加していたが、最後の最後になって、「この憲法には権利の宣言がない」と、憲法案に署名を拒否した。批准論争で「アンティフェデラリスト」と名付けられたメーソンら反憲法案派は、反対の最大の理由としてこの権利の宣言の欠如を論難、結局、憲法成立後の最初の連邦議会で「権利章典」を作る約束を取り付けることになる。このことは、後章で詳述する。

個人教授によって法律を学び、ヴァジニア植民地議会でジョージ・ワシントンと知遇、政治活動に入る。独立宣言直前に成立した「ヴァジニアの権利の章典」「ヴァジニア邦憲法」の起草者の一人で、これは連邦憲法審議のモデルとなった。メーソンもまた奴隷所有の大プランテーションの主であった。

強力な中央政府に反対した一人に、マサチュセッツ代表のエルブリッジ・ゲリイがいる。四二歳。彼も、同じく権利の宣言がないことを理由に憲法案に署名を拒否した。スペインや西インド諸島との交易で富をなした裕福な商人の家に生まれ、ハーヴァード大学で修士をとる。英国の植民地政策に反抗して独立戦争に参加、大陸会議の代表となって、独立宣言に署名した一人。交易上のスペインやフランスとのつながりを活用して、大陸軍の物資補給に活躍した。会議では、一般的に中央政府を強化する提案に反対した。後年、マサチュセッツ州知事(一八一〇〜一二年)となったとき、自派に有利になるような選挙区の線引きを州議会に採択させ、「ゲリイマンダリング」の新語を生む名誉(?)を担った。

もう一人、州権擁護派にコネティカット代表のロージャー・シャーマンがいる。会議当時六六歳。独立宣言の起草委員会の一人で、連合規約起草にも参画した。革命世代の長老の一人である。学校教育は小学校までで、若いときは靴職人だったが、父親の蔵書とハーヴァード大出身の牧師について学び、法律を勉強して弁護士資格をとり、治安判事をはじめいくつかの判事をつとめ、市民活動、政治活動に入った。憲法会議では、小邦代表として州権擁護を主張したが、小邦と大邦の妥協をはかる仲介役を担った。

最後に、アレクサンダー・ハミルトンに触れねばなるまい。三二歳。西インド諸島生まれで、一七七三年ニューヨークに移住してキングズ・カレッジに入学、革命戦争勃発後、砲兵中隊を組織してその活躍がワシントン総司令官の目に留まり、副官となった。憲法会議では、実現不能を承知で貴族政的な強力国家政府の構想を披歴した大演説をぶったが、そのあとの会議の後半欠席しがちで、多くを語っていない。しかし、批准論争ではマディソンとともに憲法擁護の論陣をはった『ザ・フェデラリスト』執筆者の一人。初代ワシントン大統領のもとで財務長官に就任、中央集権的な国家財政経済政策を推進したことはよく知られている。

こうしてみると、強力な中央政府構想に関して、世代間の意見の相違がうかがえる。

第2章　審議はじまる

五月二十九日、議事規則を採択した後、直ちに、実質審議に入った。冒頭、議論のたたき台として、ヴァジニア代表団からあらかじめ用意してあった決議案が提出された。これは、マディソンが中心となってまとめた、一院制の連合会議を解体して強力な国家(national)政府をつくる構想で、新しい共和国政府における権力の構成つまり権力の必要性の構想であった。ナショナリストたちが議論の主導権を握ろうと企図したものだった。

提案説明にあたったエドムンド・ランドルフは、連合政府の欠点として「連合会議は戦争防止あるいは戦争支援の権限を持たず、外国の侵略に無防備であり」「緊急時に際し行使できる権限や手段を持たないため、邦間の紛争や反乱を抑止できず」「あらゆるところにみられる統治の弛緩ゆえに無政府状態が予期される」と指摘、提案はその匡正策であるとした。

ヴァジニア案十五項目の主な内容は、次のとおりである。

1．連合規約は、その目的である「共同の防衛、自由の保証および全体の福祉」を実現するため、修正し拡充すべきである。

2．したがって、国家(national)立法部における代議権(the rights of suffrage)は、分担額か自由民の数のいずれかに比例するよう、それぞれの場合に最善と考えられる方法にしたがって、配分されるべきである。

3．国家立法部は二院で構成され、第一院議員は、(　)年の任期で(　)年毎に各州(邦)の人民によって選挙される。

4．第二院議員は各州立法部が指名した適当数の人々のうちから、第一院の議員によって選挙される。その独立性を確保するのに十分な期間在職する。

5．各院はそれぞれ発議権を持つべきである。国家立法部は、個々の州が立法権を行使するのが不適当であるか、もしくはその立法権行使によって国家の調和が阻害されるおそれのあるすべての事項について立法し、国家立法部が憲法に抵触すると認める一切の州法を否認し、さらにこの憲法の下で課せられる義務の履行を怠る合衆国構成員にたいし、合衆国の兵力の行使を要請する権限を付与されるべきである。

6．国家行政部を設置する。行政長官は、(　)年の任期で、国家立法部によって選任され、再選は認めない。在任期間中一定の報酬をうける。

7．この行政官と適当数の国家裁判官は、国家立法部の法律施行の前に審査し、また州立法部の法律を事前審査する権限を持つ、審査院(a council of revision)を構成する。この院の不同意は、国家立法部が再可決しない限り、拒否とみなされる。

8．一つまたはそれ以上の最高裁判所と下級裁判所からなる国家司法部を設置する。その判事は国家立法部により選任され、罪過ない限り在任する。

9．合衆国憲法を必要に応じて改正するための規定を設け、この改正には国家立法部の同意を必要とするべきではない。

10．諸州内の立法、行政，司法の権限をもつ者は、合衆国憲法を支持する宣誓によって拘束されるべきである。

11．提案される連合規約修正案(憲法案)は、諸州立法部によって召集され、この修正案を審議し決定する明白な目的をもって人民によって選ばれた代表者による会議(批准会議)に付議されるべきである。

(註：これまで邦と訳されたステーツは、統合された国家政府構想では、その主権性を縮小した州と訳すことになる)

このヴァジニア案の特徴の一つは、国家 national という用語である。連合(confederation)規約においては国家という語は一切使用されていない。国家立法部が憲法に抵触するとみなした州法を否認する権限、州立法部の法律の審査権限を持つ審査院を設けるなど、州政府の権限を縮小あるいは弱化し、国家ないし中央政府の権限創設を狙っている。また同案は、行政長官および国家判事が立法部によって選任されるなど、立法部優先の構造になっている。とはいえ、立法、行政、司法の三権分立、立法部の二院制、最高法規としての憲法、行政長官の法案拒否権など、ヴァジニア案の骨格のほとんどは最終的に連邦憲法に採用されていることに注目したい。この最初の構想が基本的に実現したことになる。

だが、このたたき台が激しい論議を呼び起こした。中央集権的政府はこれまでの邦の独立、主権を奪い、強いては邦＝州そのものが廃止されるのではないかという疑惑が、特に人口の少ない小邦の間で強かったためである。根柢には独立戦争の相手であった英国王のイメージが残り、中央集権は専制政治を導くとの権力不信が横溢していた。

したがって、国家立法部および行政部の在り方が最も重要な争点となった。立法部議員の選挙方法・任期・権限、それと絡む奴隷の問題、行政長官の選出方法・任期・権限、などについて繰り返し、繰り返し、何度も議論をたたかわせた。立法部優先の構造については、三権分立と権力の均衡抑制論、「民主主義のゆきすぎ」論から、その弊害が論じられた。

活力ある中央政府の必要は認めながらも邦の平等という連合会議の基本的機構の維持を求める主として小邦の代表たちフェデラリストと、強力な国家政府を希求する主として大邦の代表たちナショナリストとの対立は、一時、会議は分裂しそのまま散会となるのではという危機の瀬戸際に追い込まれたほどであった。

審議は、翌三十日から本会議を全員委員会に振り替えて、ヴァジニア案の逐条審議にはいったが、四か月近い長い議論の過程は、いくつかの段階に区切られる。

第一は、全員委員会の逐条審議によってヴァジニア案は修正、追加によって肉付けされ、十九項目の決議案として会議に報告が出された六月十三日まで。この最初の二週間は、議論の土台つまりこの憲法づくりの論争点を明らかにしたという点で、もっとも重要な段階といえる。

第二は、本会議におけるこの決議案の逐条審議の過程で、特に議会の代議権をめぐって大激論となった時期。上院の州平等の代表権を主張する小邦が会議脱退をちらつかせ、大邦が譲歩して大妥協が成立した七月中の議論。また、行政権力に対する不信感が根強い空気のなかで、行政長官は一人か複数かなども議論された。

第三は、七月二十六日から十日間、それまでの議論と決議を踏まえた細目調整委員会(各邦から委員一人)による最初の憲法案起草と、八月六日から始まった草案の逐条審議。

第四は、逐条審議による修正を踏まえての文体調整委員会(五人)による最終案起草。九月八日最終案が提出されて、最後の審議に入ったが、同十五日ヴァジニア代表のジョージ・メーソンが、「この憲法案には権利の宣言がない」と批判、これまで権力の構成にばかり議論が集中、権力の偏りによって人民の自由・権利の侵害を防ぐ三権間のバランスに神経をとがらせていたが、ここで権力の危険性の問題が提起された。憲法案は九月十七日承認されたが、メーソンは署名を拒否した。権利の宣言の欠如はその後の各邦批准会議での憲法案反対論の根拠となる。

議事規則で認められたように、一度採決、承認された条項でも再び議題に戻す動議を出せるため、各段階を通じて、争点の論議は行きつつ戻りつつしている。そこで、争点ごとに議論の推移をみることによって、権力をめぐるこの憲法制定の過程を追うことにする。

第3章 「人口比例代表か、州平等代表か」

——立法部権力の構成をめぐって

立法部の構成をめぐる議論ほど、強力な中央政府創設をねらうナショナリストと、邦＝州の連合（federation）という連合会議の国家形体を維持しようとするフェデラリストとの対立を際立たせた議論は、ほかになかった。そこには奴隷問題、大邦と小邦の利害が錯綜して絡んでいる。

会議は全員委員会に衣替えしてヴァジニア案討論に入った五月三十日、サウスカロライナのピンクニー将軍が、この提案は「州政府の廃止を意味するのか」と質した。ランドルフは「これは私が考えているシステムの概略を提議したものに過ぎない」とかわした。グーヴァニュア・モリスは、連合（federal）と国家（national）の区別を説明して、「連合とは参加当事者の誠意に依拠した単なる契約にすぎない。国家とは完全かつ強制力を有するものである。すべての共同体は唯一の最高権力を持たねばならない」と論じた。

ほかにも邦＝州の権力剥奪を懸念した意見が出されたが、現在の連合体制の欠陥については異口同音の懸念が表明されて、まず「最高の立法部、行政部および司法部で構成される国家政府」をつくることに合意、決議した。

つづいて「立法部における代議権」を取り上げた。これは、自由民の数に比例するつまり人口比例で議員数を決めるかどうかという、代表制の原理の問題であり、邦単位の平等の代表制という連合会議の構成を否定するもの、まさに新しい国家づくりの基本となるものだった。

マディソンは、議論を進めるべく「連合規約が制定した代議権の平等は、国家立法部においては採用されるべきではなく、人口比例代表に代替されるべきである」との動議を出した。これにグーヴァニユア・モリスが賛成し、大方の賛同をえたが、ここで、小邦デラウエア代表のジョージ・リードが声を上げた。

「デラウエア代表団は、代表委任の際に代議権規定のいかなる変更に対して同意してはならないと拘束されており、もしこの変更が決まるならば、この会議から撤退することになる。それゆえ、代議制にかかわる条項の審議延期を動議する」

モリス「会議のこんな早い時期に、離脱という形で不和が明らかとなったことは残念である。しかし、提案された代議制の変更は、国家政府樹立にとってきわめて根本的な条項であり、捨て去るわけにはいかない」

マディソンは、「連合が主権を持つ邦の間の連邦的なものであったとき、代議権の平等には理由があったとしても、国家政府を樹立するさいには、それは止めるべきである。前者の場合、連合会議の活動の有効性は各邦の協力に大きく依存していた。後者の場合、中央政府の活動は州立法部の介入なしに効力をもつ。小州の票は、大州のそれと同じ有効性と重要性をもつ。各州内の郡からその規模に応じて異なった数の代表が選ばれるのと同じように、各州から異なった数の代表が選ばれるのである」と主張した。しかし、冒頭からの対立を避け、デラウエア代表団の困惑を救うために、ひとまずこの条項の討議延期に同意した。

翌五月三十一日、ヴァジニア案の「国家立法部は二院により構成される」は、全員一致で承認したが、次の「立法部の第一院議員は、（　）年任期で（　）年ごとに各州の人民により選挙される」項目にはいると、審議を延期した代議権の問題とかかわるため、議論は白熱した。

コネティカット代表ロージャー・シャーマンが口火を切った。

「人民による選挙に反対である。議員は州議会によって選出されるべきである。人民はできるかぎり国家政府にかかわらせるべきではない。なぜなら、かれらは情報不足であるし、常に誤りに導かれやすいからである」

マサチュセッツのエルブリッジ・ゲリイはいった。

「われわれがいま経験している災いは、民主主義のゆきすぎ(the excess of democracy)からきている。人民は徳を欠いているわけではないが、偽りの愛国者によってだまされている。マサチュセッツでは、人民がたくらみを持つ人物の流布する間違った情報によって害ある意見や手段に日々誤り導かれていることを、経験から確認している。自分は、今でも依然共和主義的であるが、経験によって平等主義の危険を教えられた」

ゲリイのいう「災い」とは、一七八六年夏から八七年冬にかけて起こったマサチュセッツ邦のシェイズの反乱をさす。戦後の経済不況下、厳しい負債取立て、抵当権法の強化、戦費調達の州債返済のために課した重税などで苦しむ農民が州議会に対し、農場の抵当流れを防ぎ、債務返済軽減のための紙幣増発など救済を求めたが聞き入れられず、武装蜂起した事件である。大陸軍の大尉だったダニエル・シェイズを指導者に、兵器庫の奪取をこころみ、政府役人や弁護士、商人らを襲った。反乱は八七年冬に鎮圧されたが、同様な事件は他の邦でも発生した。これらの事件は政治家たちを狼狽させ、「ゆきすぎ」の警鐘が鳴らされていた。

「ゆきすぎ」論に対し、すぐに反論がなされる。

メーソン「人民によって選ばれる下院は、政府の民主主義原理の一大保管所である。われわれはあまりに民主政治的であったことは認めるが、逆にその反対の極端に不用意に走ってしまうことを恐れる。われわれは人民すべての階層の権利を考慮すべきである」

ウィルソン「いかなる政府も人民の信頼なくしては長続きしないであろう。共和政治においては、この信頼は特別に絶対的なものである。州立法部をして国家立法部の選挙人とすることで州立法部の重要性を高めようとするのは、間違っている」

マディソンが言葉を継ぐ。「国家立法部の一院が人民によって選らばれることは、いかなる形の自由な政府にとって、不可欠である」

この時点で、「人民によって選ばれる」は、賛成六邦、反対二邦で、決議された。二邦は代表団で票が割れ無効となった。反対はニュージャージーとサウスカロライナ。この時には、メリーランドとニューハンプシャーは代表団を構成できていない。反対したゲリイのマサチュセッツ代表団は賛成多数だった。

ところで、ヴァジニア案の提出説明のなかでランドルフ(当時知事)は、「連合諸邦が苦労してきた災禍の原因を探ると、結局民主主義の不穏と愚行にあることは周知のごとくである。主な危険はわれわれ諸邦憲法の民主的な部分から起こっている。人民により行使される政府権力(立法部)は政府の他の部分を併呑するに至るというのは、論争の余地なき格言である。どの邦憲法も、民主政治に対して十分な抑制を規定していない」と述べ、やはり「ゆきすぎ」を案じている。しかし、ここでの論点は立法部優位という民主政の在り方であった。民主主義を原理的に否定してはいない。まさしくゆきすぎをいかに抑制するか、であった。

ランドルフの発言の背景には、同じヴァジニアの政治家、独立宣言起草者で、この憲法制定会議の当時、駐フランス公使だったトマス・ジェファスンの見解があった。ジェファスンは、一七八一年に著した『ヴァジニア覚書』(中屋健一訳、岩波文庫版)のなかで、ヴァジニア邦憲法を説明してこう述べている。

「立法、行政、司法に分かれている政府の全ての権力は、結局立法部に依存しているのである。

同じ手中にこれらの権力が集中していることは、まぎれもなく専制政治にほかならない。これらの権力が行使されるのが多数の手によるのであって、一個人の手によるのではない、ということは、事態を少しも緩和するものではないのである。百七十三人の専制君主は、一人の専制君主とまったく同じように、間違いなく圧制的となるであろう。……『人民に選ばれた専制政府』というようなものは、我々がそのために戦ってかちとった政府ではない」

この多数の専制への警戒は、その後の立法部優位の議論にしばしば言及される。

ついで、討議は「国家立法部の第二院議員は、各州立法部が指名した適当数の人びとのうちより、第一院議員によって選挙される」に移る。

サウスカロライナ代表で連合会議代表を務めたことのあるピアース・バトラーは苦情を披歴する。「国家立法部第一院議員によって選挙という提案は、州の手から多くの権限を取り上げ、州の利害の均衡と安全すべてを破壊するものではないかと、恐れる」といい、ランドルフに第二院の構想特にその議員数をどう考えているのか、と質した。

ランドルフ「議員数についての意見をいうならば、それは第一院の議員数よりもかなり少ない数であるべきだ。多くの邦議会下院が陥りやすい熱情的な立法行為から免れることができるほどの少人数である。提案の一般的目的は、アメリカが苦しんできた病弊に対する匡正策を提供することにある。その病弊の源をたどってみると、誰しもが民主主義の騒々しさと無分別にそれを見出すだろう。

したがって、この傾向に対するなにがしかの抑制を捜さねばならない。第二院つまりよき上院(Senate)がこの目的への回答になると思われる」

ウィルソン「州立法部による第二院議員の指名にも、また第一院議員による選挙にも、反対する。なぜなら、第二院はこの双方から独立しているべきであるからである。国家立法部の両院とも、その議員は人民によって選ばれるべきと考える」

シャーマン「各州の立法部が一人ずつ選ぶ方法が好ましい」

ヴァジニア案のこの条項は、結局、反対七邦、賛成二邦で否決され、あらためて論議されることになったが、この問題に関する深い溝が明らかになった。

行政長官についての審議(次章)をはさんで、六月六日、再び立法部選挙の方法が議論された。すでに第一院下院は「人民による選挙」と決議されていたが、サウスカロライナのチャールズ・ピンクニーがそれを覆す「第一院議員は、人民ではなく、州立法部によって選ばれる」との動議を出した。

ウィルソン「国家政府には活力を望むが、その活力ある権力はすべての権力の正統な源泉から直接流れ出ることを望むものである。政府は、第一に力を、第二に人民一般の意向あるいは感覚を持っているべきである。立法部は社会全体のもっとも精確な写しであるべきだ。代議制は、人民全員が参加行動することが不可能であるがゆえにのみ、必要とされるのである。反対論は、邦の市民からではなく、邦政府からでるのではないか。人民は、邦政府によりもむしろ国家政府により愛着を覚えると思う。大きな選挙区による選挙であれば、不正選挙の危険はない。悪しき選挙は選挙区の狭小から生まれる。というのは、小さいと、悪しき人間に選ばれるための策謀をこらす機会を与えるからである」

シャーマン「もし、邦政府の廃止が目的なら、選挙は人民によるべきだろう。邦政府を存続させるべきなら、国家政府と邦政府間の調和を維持するために、国家政府の選挙は邦政府によらねばならない。人民の国家政府への参加権利は、人民による邦立法部選挙によって十分に確保されている。国家政府の目的はわずかなものである。すなわち、外国の侵略からの防衛、武力による国内紛争にたいする防衛、外国との条約締結、対外通商の規制とその収入の確保ぐらいである。他の民事刑事にかかわるすべての事柄は邦の手に任すことがよりよいであろう」

メーソン「現存の連合では、連合会議は邦を代表し、邦の人民を代表していない。連合会議の行動は邦にたいしてであって、個々人にではない。新しい計画では状況が変わり、人民が代表され、したがって人民が代表を選ぶべきである。民主選挙への反対がいろいろと言い立てられてきた。しかし、いかなる政府も不完全であり、弊害から免れることはできない。多くの例において不適切な選挙と共和政府とは切り離せない。だが、この不適切な例と、人民の権利を尊重する新しい構想の利益とを比較してみようではないか。私は、大きな選挙区に分けられるならば、人民による選挙のほうが邦立法部による選挙よりも、適正な選挙を生むより良い可能性があると納得するようになった」

ここで、マディソンは「少なくとも国家立法部の一院は人民直接の選挙によるということは、自由な政府の明白な原則である」として、かなり長い演説をする。まず、国家政府の役割はわずかなことだけと指摘したシャーマンに反論して、重要な役割として私的権利の保障、一貫した正義の執行がある、邦にみられるこの私的権利や正義に対する妨害の下では共和国の自由は存続しえないとする。また、シャーマン氏は非常に小さな邦において派閥や抑圧がはびこることを認めたが、それなら許される限りで行政の範囲を拡大したらどうかと指摘する。そして、ギリシャ、ローマの例を引いてこう述べる。

「すべての市民社会は、富者と貧者、債権者と債務者、土地所有者・製造業・商業の利害から成っており、したがって分派、派閥に分かれてしまう。この政治指導者あの政治指導者の支持者、この宗派あの宗派の信者などである。共通の利害あるいは情熱で結束した多数者が生まれると、すべての場合に、少数者の権利は危険に陥る」「共和政治においては、多数者が常に機会をうかがっている。それに対する唯一の匡正策は、範囲を拡大し、そうすることで社会を非常に多くの数の派閥と利害に分けることである。そうすれば、第一に、全体のあるいは少数派の利害とは離れた共通の利害を同時に持つ多数派をつくりえなくなるだろう。第二に、共通の利害があったとしても、派閥の数が多いがゆえにそれを求めて結束できそうにないであろう。したがって、規模を拡大した共和体制をつくるという匡正策を採用することがわれわれの義務である。それによって、経験してきた病弊を制御できるのである」(この議論はのちに憲法案擁護論集である『ザ・フェデラリスト』第10篇でマディソンが綿密に展開する)

デラウエアのジョン・ディキンソン「私は、国家立法部の一院が直接人民によって選ばれることが不可欠と考えるが、他の一院は各州立法部によって選ばれるべきである。この国家政府と州政府との組み合わせは、賢明かつ不可避である」

ジョージアのウイリアム・ピアース「第一院は人民により、第二院は州による選挙に賛成する。これによって州の市民は個人的かつ集団的に代表される」

こうした議論の末、「第一院は、州立法部によって選ばれる」とのピンクニー動議は八対三で否決されたが(賛成は、コネティカット、ニュージャージー、サウスカロライナ)、この議論によって、上院は州立法部による選挙という小邦の強い主張が明らかとなった。

翌七日、ディキンソン提案のこの上院の選出方法が議題となった。

ディキンソン「上院議員が州立法部によって選出される利点は、州の意向は直接人民一般からよりも州政府を通じてよりよくまとめられるからである。私は、上院はもっともすぐれた人格者で構成されることを願う。地位において、財産において優れたもの、つまり可能な限り英国の貴族院に類似したものをと願っている。そのような人格者は州立法部によって選任されよう。また、議員数が少数だと、下院との均衡が保たれない」

ウィルソン「英国はわが国のモデルになりえない。人民の気質は英国方式に反対している。われわれが国家政府を設立するのであれば、その政府は人民一般に由来すべきである。一方が州立法部に、他方が人民に選ばれるとすると、国家立法部は異なった基礎に置かれることになり、両院間に軋轢が当然持ち上がる。国家政府は州政府から独立しているからこそ、活力をもつ。上院も人民による選挙が望ましい。そのために、上院選挙のための選挙区を設けるのはどうだろうか。ディキンソン提案の審議延期を動議する」

マディソン「ディキンソン案だと、人口比例代表の原理から外れるし、また大人数の上院になってしまう。前者は明らかに不当であり受け入れられない。後者は不得策である。上院の効用は、下院と比べより体系的により冷静でより賢明な審議にある。議員数を多くすると派閥に分かれやすく、協力した行動がとれなくなるだろう」

ゲリイ「上院議員選任の方法について、四つの方法が提示された。第一は、国家立法部第一院による選任。これは上院設置の目的に反して第一院への従属を生むであろう。第二は、国家行政部による選任。これは誰も望まない君主制への大きな一歩となろう。第三は、人民による選出。人民は大きく分けて二つの利益をもつ。土地所有者のそれと、株主を含む商業利益である。両院とも人民によって選任されるとすると、後者の利益の保障がなくなる。というのは、人民は主として土地所有者だからである。第四は、各州立法部による選任。この方法こそ、土地所有者の利益にたいして抑制が最もよく働くと思われる。この抑制なしに、自由な政府は長続きしない。したがって、私は、第四の方法を支持する」

ディキンソン「国家システムは太陽であって、州は惑星である。州はそれぞれの軌道で自由に行動すべく任されるべきである。ウィルソン氏はこの惑星を消滅させようとしている」

このような議論のあと、人民による選出というウィルソン提案を審議するため、ディキンソン提案審議を延期するという動議は、十対一で否決された。

ここでメーソンが発言。「国家政府に必要な権力がどのようなものであれ、一定の権限を州に残すことは必要である。州立法部はまた国家政府の侵害から自衛するいくつかの手段を持つべきである。われわれは、いま審議しているすべての政府部門について、それぞれにある自衛策を配慮しようと慎重に検討している。州のみにそれを与えなくていいのだろうか。国家政府設立に関して州に何らかの役割を与えること、州を国家政府の構成要素とすること以上に、よりよい方法はないのではないか。権力の危険は疑いなく国家および州の両方にある。しかし、われわれは邦政府の悪い側面ばかりみてこなかったのではないか」

かくして、ウィルソンやマディソンの主張にもかかわらず、「州議会による上院議員選出」というディキンソン動議は、反対なしで採択された。しかし、議員数の議論は先に延ばされた。

九日土曜日、ニュージャージー代表のウイリアム・パタソンは、「国家立法部の代議権」つまり人口比例か州平等かについて再討議の動議を出した。

同僚のデヴィッド・ブリアリーが小邦の懸念をぶちまけた。「この問題は、連合会議において激論がたたかわされたが、結局は主権を持つ邦に平等の票を与えるという正当な決定に落ち着いた。そうでなければ、小邦は破滅していたにちがいない。このたび比例代表にするというが、見かけでは公平のようでも、よく検討すると、これは不公平かつ不当であることがわかる。州の人口差から判断すると、ヴァジニアは十六票に対しジョージアは一票しかない。この比率を適用すると議員数は九十になる。三つの大州、マサチュセッツ、ペンシルヴェニア、ヴァジニアがすべてを持っていってしまうことになろう。ニュージャージーの経験では、大小の郡が一つの選挙区をつくって代表を選ぶとき、常に大きな郡の意向が通る。大州も同じであろう。ヴァジニアの十六票は恐るべき集団である。小州は何をするにしても、大州に頼らざるをえなくなる。連合政府に活力と安定を与えることに貢献しようとこの会議にやってきたが、票の平等の制度を破壊する提案をみて驚き、慌てている。では、ジョージアはヴァジニアと平等の票をもつべきであると問うのは正当か？　そうではないだろう。では匡正政策はあるか。唯一ある。それは、現存するすべての境界線を消し、アメリカを十三の平等な部分に分けなおすことである」（パタソンのメモによると、ジョージアを一票として計算すると、マサチュセッツは十四、ペンシルヴェニアは十二と四分の三で、ヴァジニアとの三州合計は四十二と四分の三票となる）

ついで、パタソンが満を持したように発言した。

「この問題を検討する前提として、この会議の性格、権限について所見を述べたい。連合会議に委任されたこの会議の目的は連合体制の修正であり、したがって連合規約が議事の適切な基礎である。われわれはこの範囲内にとどまるべきであって、さもないと選挙民から権利簒奪と告発されるだろう。人民の目は鋭く、騙されない。国家政府というアイデアは連邦政府と明らかに別個のものであり、人民には考えつかないものである。われわれは、連邦という枠組みを超える権限を持っていない。……大州にその人口の大きさに比例して影響力を与えるとき、結果はどうなるか。かれらの野望は比例して膨れ上がるだろう。ニュージャージーは提案されている計画に決して与しないであろう。これではニュージャージーは飲み込まれてしまう。そんな運命に甘んじるよりも、むしろ専制君主に服従したほうがましである」

ウィルソンは、すべての権力は人民に由来することを根拠に、人口比例代表の主張を繰り返した。

議論は、十一日月曜日につづく。

シャーマンが提案する。「第一院は、自由民の人口比例で選び、第二院あるいは上院は各州一票として選ぶ。州が一定の個々の権利を保持するならば、各州はそれを守る手段をもつべきである。そうでないといくつかの大州が他を支配することになる」

サウスカロライナのジョン・ラトレッジとピアース・バトラーは「第一院の代表比率は、各州の分担金に比例するべきである。金は力であり、州はその富と比例した影響力を国家政府に反映すべきである」と提案した。

ここでウィルソンとマサチュセッツのルーファス・キングは「国家立法部第一院の代議権は、連合規約が定めたルールに従うべきではなく、一定の平等な比率による代表に従う」との動議をだした。

ディキンソンは「実際の分担金」を代議権の基礎とすることに賛成した。「こうして州の利害とその義務とを結び付けることによって、義務の遂行が確実となろう」

すると、キングは「国家歳入の方法はまだ定まっていない。多分、輸入関税がその一部となろうが、実際の分担金を代表比率に適用するとき、輸入州でないコネティカットやニュージャージーはどうなるか。代表を送れないことになる」と、注釈。

この様な議論そして動議の出し合いの末、まずウィルソンとキング提案の「第一院の代議権は、一定の公平な比率による代表に従う」ことに、七対三で合意、ついでこの比率を「年期奉公人を含むすべて年齢、性、条件の白人その他の自由人と住民、ならびに、各州内の納税しないインディアンを除き、前記に含まれないその他のすべての人びとの五分の三の総数の比率による」を追加した。この五分の三は黒人奴隷を指したが、これを採用した根拠は連合会議が各邦分担金を決める際に使用した基礎数であったことだった。のちに激論の対象となる。

ついで、シャーマンは「上院では各州一票」の動議を提出、「すべてはこれにかかっている。小州は、第二院における代議権の平等以外の原則に決して同意しないだろう」と主張した。そして、票決に付されたが、反対六邦、賛成五邦で否決された。賛成は小邦のみで、反対は大邦三と南部のノースカロライナ、サウスカロライナ、ジョージアであった。逆に、「第二院の代議権は、第一院の同じルールに従う」との動議が、六対五で合意された。ひとまずはナショナリスト派の勝利だったが、一票差でありここに対立の構図がはっきりして、その後の更なる激論が展開されることになる。

十二日、議員の任期に関する議論がおこなわれ、下院議員については、いずれも小邦代表のシャーマンとエルズワースは「毎年」を提案。これをうけてゲリイは「毎年選挙こそ専制への唯一の防御である」と主張した。マディソンは三年を支持し「邦立法部の毎年選挙が政治の不安定をもたらしてきた」と指摘し、議員が他州の事情を理解して国家政府の仕事に従事するには一年では不足であると説いた。上院議員の任期では、七年が提起された。シャーマンは、長すぎる、議員の活動が間違っていたら早く交代させるべきだし、よければ再選すればよいと、五年が適当と提案。ランドルフは、「邦立法部の民主主義的放縦が確固とした上院の必要性を立証しており、その目的は国家立法部の民主的部門を制御することにある」として、七年任期を支持。マディソンは再び安定政府論を唱え、七年は決して長くない、上院が下院に圧倒されることを恐れる、下院議員より長い任期が政府の安定を保証する主張した。

こうして、この段階では、下院議員三年、上院議員七年の任期が決議された。

なお、立法部各院の発議権について、ゲリイが歳出歳入などの財政法案の発議権を上院に認めない動議を出した。第一院こそ人民をより直接に代表しており、人民が財布の紐を握るべきであることは金言であると主張した。シャーマンは、二院制を採用したのはより賢明な判断を得るためであり、これは財政問題について特に必要とされようとし、上院の発議権に賛成し、自州コネティカットでは上下両院ともあらゆる発議権を持っているが、なんら支障はないと述べた。ゲリイの動議は、七対三で否決されたが、のちに上院代議権と絡んで再び論議の対象となる。

第4章　「行政長官は一人か、複数か」――行政部権力の構成をめぐって

もう一つの権力構成、ヴァジニア案の「国家行政部を設置する。行政長官は（　　）年の任期で国家立法部により選任」との条項は六月一日から五日間、集中的に議論された。

この議論の根底には、強い行政権にたいする不信感が流れていた。焦点は、行政長官は一人か複数か、人民による選挙か立法部による選任か、そして再選を認めるべきか否かであった。

討議に入ると、すぐさま、ペンシルヴェニアのジェイムズ・ウィルソンが動議を出した。

「国家行政部は一人によって構成される」

会場は、しばらくの間、ためらいの沈黙が支配した。議長のワシントンは、この動議を票決に付すべきかどうかと問いかけたが、長老フランクリンは、この問題は極めて重要であるから、票決前に各々が意見を披歴してほしいと発言、議論が始まった。

ラトレッジ「行政権を一人の人物に授けることに賛成する。ただし、戦争と平和の権限は与えな

い。一人であることでその責任の重大さをかみしめ、最善の行政を行いうる」

シャーマン「行政長官とは、立法部の意思を実行する制度以上のなにものでもない。したがって、一人あるいは複数の行政官は立法部によって任命し、社会の最高意思が委託されている立法部のみに責任を負うべきである。行政官を一人にするか複数にするかは立法部が経験にてらして自由に決めればよい」

ゲリイ「重みと信頼を与えるために、行政長官に行政参議会を附置することが望ましい」

ランドルフは、行政長官の単一制に精力的に反対した。「それは君主制の胎児である。われわれは、範例としての英国政府型による統治を採用する動機はない。アメリカ人民の精神はそれとは違った政府を必要としている。行政部に不可欠の条件とされる活力、発信、責任が、なぜ一人と同様に三人のなかにみいだしえないのか、理解に苦しむ。行政部は独立でなければならない。したがって、その独立性を維持するために、一人以上をもって構成されるべきである。三人であれば、それぞれの異なった考えを持った地域から選任されるので、より信頼を生むであろう」

マディソン「一人か複数かをきめるまえに、行政権の範囲を定めるほうが適切ではないか。どちらであっても、行政部には一定の権限を付与しなければならない。その範囲を定めることが、一人の行政官にその権限を安全に委託しうるかを決める判断材料になるだろう」

「一人の行政長官」の動議は、この段階では、まだ決定する用意が代表たちの間にできていないと、票決は先送りとなった。

そして議論は、行政長官の選任の方法、その任期と再選の是非に移っていく。

再びウィルソン。「非現実的あるいは空想的とみなされる心配があるので、見解を表明したくないほどの気持ちなのだが、あえて発言する。私は、少なくとも理論上、行政長官の人民による選挙を支持する。ニューヨーク、マサチュセッツの例にみられるように、経験は、人民全体による行政官の選挙が成功かつ好都合であることを示している」

シャーマン「立法部による選任を支持する。そして行政官を立法部に絶対的に依存させること。行政官は、立法部の意思を執行するのがその義務である。最高の立法部からの行政部の独立は、専制政治のまさに本質である」

ここで、ウィルソンは、再選を認めるために行政長官の任期を短い期間にすべきであると、三年を提案、これにたいし、サウスカロライナのピンクニーは、七年を提案した。

メーソン「少なくとも七年。再選禁止。これによって立法部から独立を保てる。それは、立法部側が不適格な人物(行政官)にたいする誤った服従を防ぎ、行政部側が再選を求めて立法部と策謀する誘惑を防ぐための最善の方法であるからである」

デラウエア代表のベッドフォードは、七年という長期間に強く反対、最初の行政官が選任されたあとその能力を欠くことが判明した場合、長期間その職に居座るときの結果はどうなるのか。弾劾による罷免は不法な行為に対してであって、無能力に対してではないと、三年任期で九年後は再選禁止を提案した。

結局、七年任期案が票決に付され、五対四で承認された。マサチュセッツは代表団で票が割れ無効、二邦は投票に至らず、これは多数決の合意といえるのかとの質問に、議長ワシントンは合意成立と判断した。

議論は再び選任方法に移り、ウィルソンは、再度、人民による選挙を主張する。「行政部のみならず立法部の両院も、州立法部の介入なしに、人民による選任が望ましい。それは、行政部と立法部が互いに可能な限り独立し、また州の立法部からも独立するために、である」

六月二日、ウィルソンは、行政長官を「国家立法部が選任する」とするヴァジニア案を次のように差し替える動議を出した。

「行政長官は以下の方法で選任する――全州をいくつかの選挙区に分ける。国家立法部第一院選挙に投票資格を持つものが前記選挙区ごとに行政長官選挙人(elector)を(　)人選ぶ。選挙人は一定の場所に集まり、国家政府の行政権を与える人物を投票で選ぶ」

この方法は、国家立法部による選任よりも、行政長官に対する人民の信頼がより得られるとウィルソンは主張し、州の不介入による選挙の望ましいことを繰り返した。

ゲリイ「国家立法部による選任は反対する。なぜなら選任をえるために常に策謀がめぐらされるからである。立法部と長官候補は互いに取引し、前者は後者からの便益の約束によって選任の投票を左右することになりかねない。ウィルソン氏の原則はよいのだが、それは州の権限をそっくり取り上げてしまうのではないかと、州権論者を不安に陥れることを恐れる。アメリカ社会は、州から権限を剥ぎ取れるほどには、まだ熟していない。人民は、(行政長官用の)大きな選挙区では選挙人の個人的性格について知らなさすぎるし、だまされやすい。選挙人の代わりに州の投票権を利用する方がよい」

ウィルソンの提案は、八対二で否認された。賛成は、ペンシルヴェニアとメリランドの二邦。つづいて、「行政長官は七年任期で、国家立法部によって選任される」が、同じく八対二で合意された。しかし、ここで人民の投票で選ぶ「選挙人」のアイデアが出たことに留意したい。最終憲法案では、大統領は選挙人による間接選挙となった。

このあと、長老フランクリンが、ヴァジニア案にある行政官への「報酬支払」の条項に異議をとなえ、「行政官は、その必要経費は支払われるが、その仕事にたいしていかなる種類の俸給、報酬をも受けない」とする提案をおこなった。高齢のフランクリンは体調を懸念して、用意した長い演説草稿(約一六〇〇語)を同僚の若いウィルソンに代読してもらった。

「人間の行為に強い影響力を与えるものに二つの情熱があります。それは野心と強欲です。権力愛と金銭愛、これが一つの目的に向かって結びつくとき、暴力的な結果を生む。名誉の地位が同時に利得の場であるとなるとき、人はあらゆる手段でそれを獲得しようとするでしょう。また、たとえ当初の俸給はわずかであっても、それは長続きしたためしがない。見返りを求めて支配者により多く支払おうとする人びとが必ずいます。これが原因で、あらゆる王国や政府で統治者と被治者の間の抗争が常に繰り返されてきたことは、歴史が証明しています。この抗争の種を撒かないためには、名誉の地位を利得の地位と化さないことです。こうした考えはユートピアだ、十分な報酬なしに行政部で奉仕する人物を見出し得ない、という人がいるでしょう。それは間違いと思います。身近な例でいえば、われわれのもっとも偉大かつ重要な行政官である大陸軍の総司令官(ワシントンのこと)が、八年間無給で奉仕したではないでしょうか。このアメリカの中に、公共精神をもって奉仕する三、四人の人物をみいだしえないというのでしょうか。……私の提案が支持されないとしても、意見を率直に述べ、義務を果たしたことに満足しましょう」

フランクリンの提案は、大いなる尊敬をもって受け止められたが、それは提案の実用性への納得からよりも、提案者自身への尊敬からだったと、マディソンは記録している。ハミルトンが「きわめて尊敬すべき提案」と支持したが、討論もなく、審議延期となった。

ここで、議論は、ヴァジニア案には含まれていない行政長官の免職あるいは弾劾に移った。

デラウエア代表のディキンソンは、次のような動議を提出する。

「行政長官は、各州議会の過半数の要請に基づき国家立法部によって、罷免することができる」。

行政長官罷免の権限をどこかに持たせる必要があり、弾劾という手段は好まない。州政府を廃止しようとする動きに反対であり、州の手に相当の権限を残すことにこの国の幸福が託されている――

ディキンソンはこう述べた。

シャーマン「国家立法部は、随時、行政長官を罷免する権限を持つべきである」

こうした意見は、州権擁護とともに立法権優位の立場である。

メーソン「不適格と判明した行政長官を変えるなんらかの方法は不可欠である。選ばれた者の腐敗にくわえて選んだ者の間違いがあるからである。だが、行政部を立法部の単なる手先にしてしまうことには絶対反対だ。それはよい政府の基本的原則に反するからである」

マディソンとウィルソンは、異口同音に州議会に罷免の権限を付与するディキンソン案に反論する。

それは州の大小にかかわりなく平等の力を与えている、それは多数者の目には罪を犯しているとみえる行政長官の免職を少数者が阻みうることになる、それは行政長官がたまたま不人気である州において行政長官に対する罷免の陰謀の扉をあけることになる、したがって、罷免に州の権限導入は悪しき政策である。

結局、ディキンソン動議は、デラウエアを除き全邦の反対で否決された。それに代わって、国家行政官は「不正行為ないし義務不履行にたいする弾劾と有罪判決に基づき免職される」との規定が採択された。つづいて「再選禁止」が七対二で表決された。

審議は、再び「一人の行政長官」を取り上げた。

ランドルフは、熱を込めて、再びこれに反対する。

「行政官一人つまり単一制は君主制の見せかけであり、人民の気質に反するものである。行政部の目的は複数の行政官で十分に達成でき、単一である必然性はない。必要とされる信頼が単一の行政官に託されることは決してないであろう。一人であると行政官の官吏任命が中央に偏り、離れた地方に不利となる。異なった地域から選出される三人構成の行政部が好ましい」

議論は、日曜を挟んで六月四日に持ち越された。

同日冒頭、ウィルソンが反論した。

「ランドルフ氏の議論には納得しない。かれの反対は提案そのものに対してよりもそれが不人気であるという理由からのようだ。単一の行政長官に対して、いわれるような人民の反感は存在しない。一人の行政官が王ではないことは、すべての人が知っている。十三の邦すべてが一人の行政官を戴いているではないか。三人行政官制をどこも採用していない。もし三人が平等の権限を持つとき、互いの敵愾心をうみ、決断できず、混乱が続き、行政が麻痺してしまう。三人が平等でないならば、単一制への反対の根拠は失われる」

シャーマン「そう、各邦は一人の行政長官を採用している。それは認める。しかし、すべての邦は助言のための行政参議会を附置していることも認めなければならない。人民に単一行政官制度を受け入れさせるには、この行政参議会が必要である」

ウィルソン「参議会を考えていない。それは、しばしば、不当行為を防ぐためにではなく、その隠れ蓑に使われる」

結局、「単一行政長官」は、賛成七邦、反対三邦（ニューヨーク、デラウエア、メリランド）で合意された。

この議論に出てきた立法部優位、行政参議会という思考は、実は独立革命の経験からきている。一七七六年七月四日の独立宣言前後に大陸会議は各邦に憲法制定を促したが、その共通の特徴は①行政の長である知事は、毎年、立法部による選挙(例外あり)②行政参議会を設け、知事はその承認のもとに行政を行う　③裁判所判事は立法部が任命——の三点にあった。人民を代表する立法部が中心で、長く権力の座に置いておくと人は腐敗するという行政権力不信の構造である。英国王の権力が頭の中にあった。たとえば、独立宣言直前に制定され、各邦憲法のモデルとなったヴァジニア邦憲法は次のように規定する。

「知事あるいは行政の長は毎年、立法部によって選ばれる。知事は参議会の助言を受けつつ行政権を行使する」「参議会は八人で構成、議員のなかあるいは院外から両院の合同投票で選ぶ」「両院は合同投票で判事を任命する」

つまり、そこでは知事ないし行政長官はきわめて限定的な権限しか与えられず、実質的にはほとんど無力といっていいほどであった。邦におけるこの立法部それも下院優位の傾向は、先述の「民主主義のゆきすぎ」、そして多数の専制への危惧を生んでいた。

さて、「行政長官は一人」が決議されたあと、行政部に関する審議は、ヴァジニア案にある行政官と裁判官によって構成される法律審査院とその法案拒否権に移った。

ゲリイが口火を切った。「司法部がこの審査院に参与すべきか、疑問である。なぜなら、司法部は法の合憲性を判断する権限を含む法解釈によって司法部自身への侵害に対する十分な抑制力を持っているからである。いくつかの邦では、現に、判事は憲法違反として法を無効にしており、その判断は一般に認められている。司法部が公共政策の是非の判断を行うのはきわめて異常である」と論じ、修正案を出した。

「国家行政官はいかなる法案に対しても拒否権をもつ。ただし、国家立法部各院の（相当数の）票によってその法案拒否権を覆すことができる」。これは、大統領に法案拒否権を持たせ、議会に三分の二の多数投票でそれを覆す権限を認めた最終憲法（案）の原型である。

ウィルソン「ヴァジニア案も修正案も十分ではない。立法、行政、司法の三部門が分離独立であるべきならば、行政部が絶対拒否権を持つべきだ。このような自衛手段をもたないと、行政部は立法部によって無存在のかたちに沈没されてしまうだろう。行政部、司法部双方に絶対的拒否権を与えることに賛成する」

フランクリン「同僚（同じ邦代表のウィルソンのこと）と見解を異にするのは心苦しいが、立法部に対する行政部の抑制についてはペンシルヴェニア邦の経験がある。知事の拒否権は常に金銭強要のために利用された。それが俸給増額であれ献金であれ、知事との取引なしには、いかなる良い法案も採択できなかった。提案されているように拒否権を行政部にあたえると、立法部は行政部の意思に完全に従属してしまうことになると恐れる」

シャーマン「一人の人間に全体の意思を阻止しうる権限を与えることに反対である。われわれは、行政官による法修正の知恵を活用すべきだが、かれに立法部の冷静な見解を覆す権限を許すべきではない」

マディソン「もし、行政官の拒否権を覆すには、立法部両院の適当な割合の票が必要とされるとするならば、それは、おなじく絶対拒否権の目的への答えとなるだろう。現在提案されているような行政部が、立法部自体の一定部分の支持なくして、拒否権によって立法部に抵抗することなどほとんど起こりえないであろう」

ウィルソン「私も、この権限は滅多に発動されないと考える。立法部は、この権限の存在を知っており、拒否権にあうとわかりきった法案作りを避けるだろう。この無言の了解が反目を避ける。ペンシルヴェニアについてだが、現在は状況が異なる。知事は毎年人民による選挙によって任命されるし、俸給は憲法によって定額を規定するべく提案されている」

ベッドフォード「立法部に対するあらゆる抑制に反対する。提案された審査院にでもある。立法部権限にたいする境界は憲法に明記することで十分である。人民の代表(である立法部)こそがその利害の最良の審判であり、いかなる外部からのコントロールを受けるべきではない。立法部の二院制自体が十分な抑制になっている」

メーソン「われわれは、一人の人物に行政権限を与える決定を下した。拒否権悪用の例はフランクリン博士によって見事に説明されたが、その悪用は人事をめぐって起こりうる。行政長官はその気に入るような人事が認められるまで、必要な法案に同意しないかもしれない。英国と同じように、買収や影響力行使によって拒否権がうむ反感を避けようとするだろう。議長、われわれは行き過ぎていないだろうか。われわれは、英国型の政府よりももっと危険な君主制、選ばれた君主制を構成しようとしていないだろうか。人民は決して同意しないであろう。われわれは民主主義による不正や圧迫を経験したにもかかわらず、人民は民主主義を望んでいるし、人民の意向は受け止めねばならない。君主制のもたらした抑圧への憎悪が人民を革命に導いた。人民の権利を一人の行政官にすべて譲り渡してしまうことには到底賛成できない」

このようなやり取りのあと、司法部や審査院の参与はなく「行政長官のみに拒否権」与え、「立法部両院それぞれの三分の二票で再決議」すれば拒否権を覆せるとの決議を、賛成八邦、反対二邦で採択した。これがそのまま最終憲法に残ることになる。

決議採択から一日おいた六日、マディソンはウィルソンの支持を得て、拒否権に司法部が参与できるよう改めて動議した。その理由説明に、のちに敷衍されるかれの三権の抑制均衡論の片鱗が窺える。

「司法部を立法作業に導入すべきである。それによって司法部を立法権の侵害から守るだけでなく行政部に対する抑制ともなる。司法部は他の部門から明白に分離すべきであるとの理由でこの提案に反対するものもいるが、互いの抑制が必要なことは経験が教えている。どの国にも多様な利害が存在する。富者と貧者、さまざまな民衆扇動者、多様な宗派などなど、こうした党派的対立の結果は古代の歴史に明らかであり、現在も同じ対立が動いている。われわれは多数者利益を押し付ける法案を無効にしえるいくつかの抑制の方法を導入しなければならない。行政長官の拒否権は、行政部の安全のためだけでなく、不正な多数者利益から生ずる抑圧の危険から少数者の安全を守るためにも必要である。それに司法部が加われば、拒否権の尊厳性が増すであろう。この提案は、三権分立の原則に反した不適切な権力混合ではない。要するに、拒否権の目的が、立法部の他の部門への侵害抑制にあるのか、愚かな法案採択抑制なのか、いずれにせよ行政部に司法部の重みと知恵を付加する効用は議論の余地がないと思われる」

マディソンの力説にもかかわらず、提案は否決され、司法部は不関与となった。

この段階で、国家行政官は「一人制、国家立法部による選任、任期七年、再選不可、法案拒否権、弾劾による免職」という決定が合意されたが、その後、再三の論議を重ね、修正され、この時点では思いもよらなかった展開となる。

国家司法部については、ヴァジニア案の「判事は国家立法部によって選任」が議論を呼んだ。ウィルソンは、経験からいって、人数の多い立法部による任命は、人事に際して策謀、えこひいき、秘密が不可避である。行政官を一人とした主要な理由は、判事などの人事が単一の責任ある人物によって任命される点にあると、国家立法部による判事任命に反対した。マディソンも立法部に必要とされる議員の能力と判事のそれとは極めて異なり、多くの議員は司法部に必要とされる資格を適切に判断できないとしつつ、「といって行政部に任せることにも満足できない。むしろ、上院に判事任命をゆだねる方法に傾いている。上院は議員数も少なく、安定した熟議の判断をなしうるのではないか」と、まず「国家立法部による選任」を削除して、どうするかは熟慮して後で決めようという動議を出した。これには、賛成九邦で合意された。

第5章　激論――会議ご破算の危機

かくして全員委員会はヴァジニア案の討議を終えたが、この二週間の討議で論争点はほぼ出尽くしている。対立の構図が明らかになり、憲法づくりが容易でないとの空気が会議に浸透した。その後の三か月余の議論は、この全員委員会で出た論点の繰り返し、そして掘り下げであった。時には感情的な言説もみられた激しい論争が展開されたが、それでも代表たちは知見と経験をもとに理性的な討議に終始している。

六月十三日、全員委員会は、討議の結果を十九項目の決議として本会議に提出した。決議第一は「本委員会の意見は、最高の立法部、行政部、司法部からなる国家(national)政府が樹立されるべきだということである」となった。十九項目のうち、主な内容は次のとおりである。

1. 委員会の意見は、最高の立法部、行政部、司法部からなる統一国家政府が樹立されるべきであるということである。
2．国家立法部は二院により構成されるべきである。
3．第一院議員は、三年ごとに各州の人民により選任される。
4．第二院議員は、各州立法議会により選任され、年齢は少なくとも三十歳に達しており、その独立性を保証する十分な期間すなわち七年間在任する。
5．第一院の代議権は、連合規約に定められた規則によるべきではなく、次の比率に公平に応じて割り当てる。すなわち、年期奉公人を含むすべての年齢、性、条件の白人その他の自由人と住民、ならびに、各州内の納税しないインディアンを除き、前記に含まれないその他のすべての人びとの五分の三の総数の比率による。
6．第二院の代議権は、第一院について定められた規定による。
7．各院は法案発議権をもつべきである。
8．国家立法部は……個々の州が立法権を行使するのが不適当であるか、もしくは個々の州の立法権行使によって国の和合が阻害されるおそれのあるすべての事項について立法し、国家立法部が憲法に抵触すると認める一切の州法を否認しうる。
9．国家行政官は一人とし、国家立法議会により七年の任期をもって選任され、国法の執行権をもち、とくに規定されていない公職を任命する。再選資格はなく、不正行為ないし義務不履行にたいする弾劾と有罪判決に基づき免職される。

10. 国家行政官は、いかなる法案をも拒否する権利を持つべきである。その法案は、国家立法議会各院の三分の二によらなければ再決議とならない。

11. 国家司法部は一つの最高裁判所により構成され、その判事は国家立法議会の第二院により任命される。判事は重大な罪過のない限りその職を保つ。

12. 必要と認められるときは、いつでもこの憲法を修正するための規定が設けられるべきである。

13. この会議により連合会議に提出される修正条文は、連合会議の同意を得たのち、適当な時期に、各州議会が召集し、この修正条文を審議決定するためとくに人民により選任された会議に提議されるものとする。

ここには、強力な国家政府樹立を目指す、主にウィルソンとマディソンに率いられたナショナリスト派の意見が反映されている。また、この段階で注目すべきことは、各邦の立法部優位の弊害が指摘されながら、依然、相対的に国家立法議会が優位となっていることである。すなわち、第二院上院議員は州立法議会による選任、国家行政官は国家立法議会による選任、最高裁判事も上院による任命などである。

しかし、事は順調には進まなかった。全員委員会審議で明らかになったように、小邦の抵抗、とくに人口比例代表制に対する恐れは根深く、波乱を予兆するものだった。

本会議でのこの決議審議は、十四日に始める予定だったが、ニュージャージーのパタソンが、いくつかの邦が対案、純粋な連合(federal)政府案提出を準備しているので、もう少し時間がほしいと要請、審議は十五日に延びた。

この日、パタソンは、ヴァジニア案決議に差し替える「強力な連合政府のための案」=ニュージャージー(NJ)案を提出した。一院制、平等な主権をもつ各州一票の代議制、という連合会議の枠組みを維持しつつ、その権限強化のため連合規約を改正するというもので、大要は次のとおりである。

1. 連合規約は、連邦組織を統治の必要と連合の維持に適するよう、修正・改訂し、増補すべきである。

2. 連合会議は、現行の連合規約により付与されている権限に加え、適当かつ便宜と考えられる用途にあてるため……輸入される外国産または外国製のすべての物資や商品に関税を課し、証紙類に印紙税を課し……その徴収のための規則・規定を制定する権限、諸州間ならびに外国とのあいだの貿易・通商を規制する法律の制定権を付与される。

3. 諸州に分担金を課する必要のある場合には、連合規約に規定された方法のかわりに、連合会議はすべての年齢・性・条件の白人その他の自由民と住民の総数と、納税しないインディアンを除き前記の人びとに該当しないすべての他の人びとの五分の三とに比例して付加する権限をみとめられる。分担金が期間内に納入されないときは、連合会議は未納州における徴収を指揮し、その目的を遂行するための権限を与える法律を立案し採択する権能を持つ。ただし、本項において連合会議に付与される権限は、少なくとも（　）州の同意がなければ、行使できない。

4．連合会議は（　）名よりなり、（　）年間在住する行政官を選任する権限を持つ。……再選資格はなく、諸州行政長官の過半数の申請に基づき連合会議により罷免される。

5．連合司法部は一つの最高裁判所よりなり、その判事は連合の行政官により選任される。

ここで会議は、このＮＪ案を全員委員会で審議することにし、ヴァジニア（ＶＡ）決議案を再び委員会に戻し、両案を比較検討することになった。

翌十六日、パタソンは提案理由の説明に立った。理由は二つあって、一つは、この連邦会議の権限、もう一つは人民の意向である。パタソンはいう。

「この会議の権限は、連合体制という基礎に立つ連邦規約の修正に限られている。連合会議の招集布告、いくつかの邦代表の委任権限状はそれを証明している。われわれは主権平等の観念を変える権限をもっていない。邦の主権が維持されるべきとするならば、代表は人民からではなく、邦から出されなければならない」「連合規約は全邦一致で採択された以上、それを改変するときも全邦一致でなければならない」「人民一般は連合会議に不満を抱いているのだろうか？　いや違う。連合会議がもう少し権限をもつことを願っているのである」「各邦の人民が、国家政府を樹立するＶＡ案を批准するなど考えられず、実現不可能である」

ウィルソンが、早速、反論に立った。「会議の権限について、私自身はいかなる提案も自由に行える権限を委任されている。この点で、両案に対して全く公平に接していると思っている。人民の意向については、それを精確につかむことは困難ではないか。邦政府およびその主権がそれほど人民の崇拝の的であり、国家政府がそんなに不快なものか、納得できない。デラウエアの市民がユナイテッド・ステーツの市民になることで、地位や品位が落ちるのであろうか？」といい、立法機関としての連合会議は人民に立脚していない、一院制は立法部専制を招くなどとＶＡ案とＮＪ案の各項目を克明に対比して、ＶＡ案を擁護した。

ランドルフは、強い言葉で、国家政府樹立の必要性を主張した。

「共和国の救済が懸かっているとき、必要であることを提案しないのは、与えられた信任への裏切りである。真の問題は、これまでどおりの連合案に固執するか、国家政府案を取り入れるかである。前者の不備はすでに十分に露わになっている」

日曜日をはさんで十八日、これまで発言しなかったニューヨークのハミルトンが、数時間におよんだという大演説を行った。マディソンによると、発言しなかった理由の一つは、三二歳のハミルトンよりも経験豊富で有能な年長の人びとへの敬意から、異論をさしはさむことへのためらいだった。しかし、共和国の危機を前にして思うところを話すのが義務と発言に踏み切ったという。

ハミルトンは、まず、必要なのは強力な安定した中央政府であり、その観点から両案ともに欠点があり、賛成しかねるときりだした。とくに、邦と中央と二つの主権併存を主張するＮＪ案を批判した。そして連邦あるいは連合体制がいかに失敗したかを古代ギリシャ、ローマからドイツ、ポーランドの例を引きつつ説明、強力な中央政府の必要性を説き、英議会の貴族院の役割を称賛して、安定と力では英国政府が世界で最善であるとまでいった。「私の考えは、紳士諸君のそれとはかけ離れていることは自覚している。これは正式な提案ではなく、現在、私が考えていることを述べるだけです」と断って、共和主義の原則が許す限りでの安定と永続性とを獲得する政府として、①議会上院議員は非行のない限り終身とし、②国家行政官も終身とし、③両方とも人民が選ぶ選挙人によって選任すること、④戦争宣言の権限は上院のみにあたえる、⑤各州の知事は中央政府によって任命される……といった構想を披歴した。この演説は、具体的な提案についての賛否は別にして、グーヴァニュア・モリスが「もっとも有能で印象的な演説」と評価したといわれる。だが、この構想はその後の会議で具体的に提案されたことはない。これはあまりにも貴族政的であった。

十九日、今度はマディソンが長演説を行った。理詰めで、連合会議体制の欠陥を細かく指摘、新しい政府づくりの目的は二つあり、NJ案はその目的を達成しえないと断じた。

「目的の第一は結合(the Union)の保存である。第二は邦が経験してきた弊害を匡正しうる政府を用意することである。NJ案は、外国との戦争という惨事を招きかねない邦による条約や国際法違反を防止できるだろうか?　連合会議の記録によると、邦の勝手な違反に対する告発がほとんどすべての条約締結国から寄せられている。また、邦の間の争いを防止できるのだろうか?　マサチュセッツの反乱が警告したように、各邦の安寧を保障できるのだろうか?」

マディソンは、代議権の問題が最大の難関であることを認めたが、州平等代表権に固執するがゆえにもし結合＝連合が解体したらどういうことになるか考えてほしいと「懇願」した。

このような議論に区切りをつけるべく、マサチュセッツのルーファス・キングは、全員委員会は散会し、ＶＡ案を修正なしに本会議に再び報告する動議を出した。これはＮＪ案を討議対象から外すことを意味した。票決は、賛成七反対三、反対したのは、ニュージャージー、ニューヨーク、デラウエアであった。ＮＪ案は事実上葬られたが、代議権をめぐる対立はむしろ激化してくる。

こうして本会議はＶＡ決議案の第一決議「最高の立法部、行政部、司法部からなる国家政府を樹立する」の審議にはいった。

ウィルソン「国家政府とは、州政府を飲み込んでしまうことを意味しない。州政府は、国家政府の手が届かない一定の目的のために絶対に必要である。ペルシアやローマさらに英国の例を出すまでもなく、すべての大きな政府は下位区画に分けられるのは当然である」

キングは、「州」「主権」「国家」「連邦」といった言葉が不正確に使われていると指摘した。「州は、主張されているような意味での主権者ではない。州は主権特有の権限をもたない。すなわち戦争と平和の権限をもたないし、外国との同盟や条約締結もできない。他方、州の結合(union)が連合(confederation)を意味するならば、それはまた統合(consolidation)も意味する。州の結合は、州を構成する人びとの結合であり、そこで全体としての国家的性格を有することになる」

メリランドのルーサー・マーティンがここで小州を代弁して声を上げた。「英国からの分離は、十三の邦を相互の関係において自然状態に戻した。そのままだったら、現在でも自然状態なのだが、しかし十三邦は平等の原則に基づいて連合関係に入ったのである。私は、不平等を導入し、ヴァジニア、マサチュセッツ、ペンシルヴェニアの慈悲の下に他の十邦を置くような案を決して同意できない」

ウィルソン「植民地が英国から独立したときに、十三邦それぞれが相互に独立関係になったという説は受け入れられない。独立宣言を読めばわかるように、連合した植民地(United Colonies)が、連合して(Unitedly)自由かつ独立した邦を宣言したのであって、個々に(individually)に宣言したのではない」

議論が感情的になるほどまでに激する一方、妥協的気配も表れはじめた。コネティカットのオリヴァー・エルズワースが、第一決議から「国家national」の語の削除を提案、全員が同意した。その後、各決議の「国家」の表現は削られ、討論では代わりに「general」という言葉が使われるようになる。(とはいえ、議論ではしばしばnationalが飛び交ったが)

連合規約体制を維持しようとする人びとは、立法部の二院構成にも異議を出す。ニューヨークのランシングは、問題はこの会議が現存連合の基礎に忠実であるのか、それとも逸脱するのか、であるとし、「立法部の権限はアメリカ連合会議に与えられる」との修正動議を出した。連合会議は各邦平等代表の一院制である。シャーマンは「代議権問題解決が難しいなら、二院制にし、第二院は各州に平等の声を与えることを条件に、第一院は人口比例代表とすることに賛成する。これは小州の権利保障に必要である」と妥協案を出し、VA案の「立法部は二院で構成される」は合意をみた。

第一院の人民による直接選挙に異議が出された。サウスカロライナのピンクニー将軍(もう一人のピンクニーは従弟)が「第一院は、各州議会が指示する方法によって、選ばれるべきである」との動議を出す。しかし、「人民による選挙は民主主義の原則、全体構造の基礎」といったマディソンやハミルトンの反論もあって、「人民による選挙」は、九対一の多数で合意された。

このあと、下院議員任期について、決議が三年であったのを二年に修正した。権力の座に長く居座るのは腐敗の原因とする考える人びとは毎年選挙を主張した。だが、中央政府所在地への往復だけでも時間と費用がかかる広大な領土のアメリカで、一年は非現実的との声が強く、二年に落ち着いた。

代議権をめぐる議論が白熱するまえに、合意が容易と思われた上院議員の任期を先に討議した。ヴァジニア案決議では七年だったが、四年、六年、九年、終身などの案が出た。下院議員の場合と同じく、支配者の腐敗を防ぐには頻繁な選挙を必要とすると短い任期を主張するものと、安定政府のため長期間を望むものとの意見が交わされた。

マディソンは、均衡抑制論から九年を支持してこういった。「任期を定める際、考慮すべきは上院設置の目的ではないか。第一は、支配者から人民を守ること、第二は、上院が一過性なものとの印象に陥ることから人民を守ることである。公共の安寧を担うものがその信頼を裏切るかもしれぬことに注意しよう。この危険に対する明らかな予防策は、この信頼を異なった部門に分けて、互いに監視し抑制させることである。次に、任期が短いために情報不足で過ちをおかしやすいと考えられる。そうであれば、当然、議会の一院に公共の利害について十分な知識を取得する機会を持たせるような政府の形が想定される。したがって、相当な任期を上院に与えるべきであろう」

結局、六年任期が合意され、腐敗を防ぐために議員の三分の一を二年ごとに改選するローテーションを取り入れた。

そして、上院議員の選挙方法では、ウィルソンのように第一院と同じく人民の直接選挙を主張するものもいたが、決議案どおり「第二院議員は、各州立法議会により選任される」が、九対二で合意をみた。反対したのは、大州のペンシルヴェニアとヴァジニアであった。

六月二十七日、この連邦会議のもっとも先鋭化した対立点であった議会両院の代議権の議論に入った。下院議員の「代議権は……白人その他の自由民と住民、ならびに……前記に含まれないその他のすべての人びとの五分の三の総数の比率」に公平に応じて割り当てるという決議と、「第二院の代議権は、第一院に定められた規定による」の二項である。つまり、下院議員数が人口比例で決まるとなると、このままでは上院もそうなる。

メリランドのマーティンは大州に対して全面攻撃に出る。

「中央政府 the General Government は、個々の人民を統治するためではなく、州政府保存のためにのみ構成されるべきである。その権力は狭い範囲に限定されるべきである。……このプランは州政府の解体を目論んでいるのではないか。各州平等の代表権は連合にとって不可欠である。……VA案は十州を奴隷化するシステムである。……行政部は法案拒否権を持つことになっている。とすると、十州が結束しても（人口比例代表ならば）三分の二の票を構成できないから拒否権を覆すことはできず、常に、（三大州に）敗北する。……私は、VA案に屈するよりも、むしろいずれかの州と別の連合を組む方をとる」

演説は三時間におよび、途中で疲れ果てたマーティンは中断して翌日に続けるとした。マディソンは、この演説は感情を露わにした冗漫なものだったと記録している。

そのマディソンは、綿密に反論していくが、大州の結合をそんなに恐れるのは間違いだと説く。「その恐れは、ヴァジニア、ペンシルヴェニア、マサチュセッツには他の州とははっきりと異なる共通の利害があると信じているか、あるいは三州がたまたま規模において似ているという偶然から生じていると思われる。しかし、そんな共通の利害が存在するだろうか。宗教、風習、主要生産物、環境、どれをとってみても似ていない。連合会議の議事録はこの三州が特に合同して投票したとの事実を記録していない」

シャーマンが反論する。「富者が貧者とともに社会を形成するとき、富者はより多くを貧者に譲る。だが、平等の代表権によって富者は平等に安全である。富者がその優越する利害に応じて貧者よりも多くの票を持つとするならば、貧者の権利はまたたくまに失われる。この考えがまさって、連合規約がつくられたのである」

ここで長老フランクリンは、このようなやり取りで対立が激化し会議が不成功に終わることを憂慮して、天の助けを乞うべきではないかと提案した。

「この四、五週間の討議にもかかわらず、わずかな進展しかみられない。ほとんどの問題で意見が異なり、票決が繰り返されたが、これは人間の知力の不完全性の憂鬱な証明と考えざるをえない。われわれは、確かに、政治的英知を欠いているように思える。……英国との戦いの初め、われわれが危機にあったとき、この部屋で神の保護を求めて毎日祈り捧げた。そして、祈りは慈悲深く聞き入れられた。……それゆえに、私は、今日より、天の助力を求め、われわれの熟議を祝福するために、毎朝会議の前に、この町の聖職者による祈祷を執り行うことを動議する」

賛同者はいたが、ハミルトンをはじめ数人は、会議がここまで進んだ段階で祈祷の導入はかえって会議における軋轢を民衆に印象づける恐れがあるとの懸念を表明した。七月四日の独立記念日から祈祷を取り入れようとの案もでたが、結局、票決に付さないままこの日は散会となった。フランクリンは、会議は三、四人を除いて祈祷は不要と考えたと、メモしている。真の理由は、会議は聖職者を雇う予算をもっていないからだ、との見解もあったという。いずれにせよ、フランクリンの提案は、会議の対立が沸騰点に達しつつあったことを物語っていた。

議論は続く。

コネティカットの六〇歳になるウイリアム・ジョンソン博士。「論争は、互いの主張の根拠が異なっているなかでは、際限なく続かねばなるまい。邦を一つの政治社会を構成する人民が居住する区域と考えるもの。邦を全体のなかの数多くの政治社会と考えるものとである。邦が政治社会として存在していることは事実であり、邦のためにそして邦を構成する個々人のために、その政治的役割として政府を設立するのは当然であろう。そして、邦はその利害を守る手段を持つ権利を与えられる。ある点では邦はその政治的役割において考えられるべきで、他方では個々の市民が居住する区域と考えられるが、この二つを相互に対立するものではなく、結合させるべきである。つまり、一院は人民によって代表され、もう一院は邦によって代表されるべきである」

マサチュセッツのナサニエル・ゴーラム。「小邦は、新しいシステムになった場合、大邦とどちらが失うものが大きいか考えてみるとよい。連合の破裂はすべてにとって不幸だが、損害がもっとも軽いのは大邦であって、かれらは互いに結合して立て直すことができる。秩序を維持するためになんらかの一般システム設立にもっとも利益を有するのは、弱い小邦ではないか」

マディソン「政府の混合的性格を維持すべきだというジョンソン博士に同意する。しかし、政治社会としての邦の地位に重きを置きすぎていないだろうか。……いく人かの紳士諸君は計画が十分に国家的でないことを恐れ、他の諸君はあまりにも国家的だと恐れている。もし、この代議権の問題がうまくまとまれさえすれば、われわれの気持ちはぐっと近づくであろう。必要なことは、邦政府をより効果的に制限し、中央政府の境界を広げることである」

ハミルトン「結局のところ、問題は、ステートと呼ばれる人工的存在の権利保護のために個人の権利を犠牲にするようこの中央政府案を修正することが、われわれの利益かどうかである。共同体のすべての個人は、政府の保護を受ける平等の権利を有する、という原則ほど真理であるものはない。……もし小邦がその平等代表権を放棄すれば、同時に自由をも放棄することになるといわれてきた。真実は、権力のための争いであって自由のためではない。……連合解体の結果について語られてきたが、もう一つ重大なのは外国との関係である。ヨーロッパの敵対する国々は、われわれの間の混乱を助長して、われわれを敵味方にしてかれらの抗争に巻き込むであろう。共和国政府の目的は、外国の尊敬を得ることではなく、国内の安寧と幸福であるといわれてきた。これは観念的区別である。外国の尊敬を得るための十分な安定性と力を所有しない政府は、国内に安寧と幸福をもたらさないのである。いまこそそのような政府をつくる決定的な時機である」

ハミルトンは、この演説のあと、商用のため八月まで会議を欠席する。

ここで、エルズワースは、「第二院の代議権は、連邦規約によって定められたものと同様とする」との動議を出した。つまり「邦＝州平等」の代表権である。

「この提案が妥協の土壌となることを望む。われわれは一部で連合的であり、一部で国家的である。第一院の比例代表制は国家的原則に順応し、小州にたいする大州の安全を確保する。平等代表は連合的原則に順応し、大州にたいして小州の安全を守る。もし妥協が成立しなければ、この会議は無駄に終わる。……強力な行政部、司法部、立法部を創ろうではないか。しかしやり過ぎないことである、やり過ぎは失敗する」

六月三十日、エルズワース提案についての議論が続く。

ウィルソン「第一院の原則と正反対の原則が提案されるとは、考えもしなかった。……われわれは誰のために政府を組織しようとしているか忘れていないだろうか？　人間のためか、それとも邦＝州(states)と呼ぶ想像の存在のためなのか？　われわれの選挙民は形而上学的な区別に満足するだろうか？　代議権の規則は、第二院においても第一院のそれと同様であるべきである」

エルズワース「中央政府は比例代表に依拠すべきだという。しかし、それはいくつかの人口の多い少数の州に残りの多数を支配する権力を与えることになる。少数の多数支配とは新奇なことだ。連合体制に欠陥があるがゆえに、全く新しい建物をつくるためには体制全体の骨組みを一切残らず壊さねばならないのか？　代議権に関するＶＡ案がその欠陥を救済するとは到底思えない」

キング「提案されている上院をもう一つの連合会議にしてしまうなら、なんの改革にもならない。……アメリカ人民の公平な代表制に基づく正しい政府が手に届くところにあるというのに、観念的な邦主権という幻への執着によって、その祝福を放棄すべきというのは、全くの驚きである」

ニュージャージーのジョナサン・デイトン「雄弁な議論を聞いているが、われわれが経験している病弊が、反対されている州平等代表から生じているとの証拠は提示されていないではないか。提案されているシステムは二重人格的怪物である」

ベッドフォード「完全な統合体制と邦の連合体制との間に中間の道はない。前者は問題外である。……連合会議権限の拡大に同意しないとは言っていない。連合会議は課税権を持つべきだし、必要とあれば州に対する強制力を持つべきである。三大邦はアメリカ人民のほぼ過半数を占めている。にもかかわらず、残りの小邦を傷つけることは決してないという。紳士諸君、私は信用しない。小邦は決してヴァジニア案に同意しないであろう。……もし大邦が連合体制を廃止するならば、小邦は名誉と誠意を重んじ、正義を与えてくれる外国に同盟国を見つけることになろう。これは、脅しとか警告のつもりではない。廃止の当然の結果なのである。より効果的な政府の必要性にはみんなが賛成している。連合を修正しその権限を拡大しよう。だが連合体制をなくさないことだ」

キング「デラウエアの紳士の言葉づかいを無視して黙っているわけにはいかない。節度を欠いた尊大な言葉。この会議では例のない激情に駆られて、自らの願望に外国の保護を求めると宣言した。このような考えがかれの心に入り込んだことは悲しみに耐えない」

七月二日月曜日、エルズワースの「第二院は州の平等代表とする」という動議の採決は、賛否五対五の同数で否決された。賛成は小邦のコネティカット、ニュージャージー、デラウエア、メリランド、ニューヨークで大邦と小邦とに真二つに分かれた。南部奴隷州のノースカロライナとサウスカロライナが大邦側についたのは、将来の人口増が望めたのと、黒人奴隷の五分の三を人口比例代表の基数に数える利点を勘案したからであった。(ジョージアは代表団で票が割れ無効、ニューハンプシャー代表は未着、ロードアイランドは代表を送らず)。

行き詰まった対立を鎮静させようと、ピンクニー将軍は、妥協案を練るための各邦一人で構成する委員会の設置を提案した。

所用のためしばらく会議を離れていたグーヴァニュア・モリスが発言した。

「会議が分裂している以上、委員会設置は賢明であろう。検討すべきことは、妥協の必要だけではない。提案されている第二院の代表選任方法は、第二院設置の目的を無効にするものではないか。第二院の目的、それは第一院のせっかち、移り気、ゆきすぎをチェックすることである。こうした傾向が邦議会の民主的な部門にみられることはよく知られている。この傾向を抑止するのに何が必要か。……第二院は貴族的精神をもたねばならないし、独立していなければならない。独立のためなら議員は終身でもいいではないか。もし第二院議員が民主的選択に依存するなら、民主的部門への卑屈な従順に成り下がってしまう。それなら第二院はないほうがましだ。……第一院が邦の人民によって選挙され、第二院がその人民によって選ばれた邦議会によって選任される。これでは、邦と邦の契約による政府ではないだろうか。邦への全面依存は連合会議の繰り返しである。……これは私の意見であって、なにかを提案するものではない」

モリスがここで「民主的」というのは、邦における毎年選挙の立法部第一院優位の欠点を指していて、民主主義そのものへの批判ではないことは、指摘するまでもない。

ランドルフ「委員会には賛成だが、先日の激情した討論からみて、和解が生まれるか私は望みをもっていない」

マディソンとウィルソンは、連合会議の経験からいっても、こうした委員会は審議を遅らせる以上のものでしかなく、どのような妥協案であれ、それは本会議でできることであるし、委員会の報告が単なる意見の集約であれば何の意味もない、と委員会設置に反対した。
ウイリアムスン「双方が譲歩しなければ会議はもう終わりになるに違いない」
ゲリイ「委員会に賛成である。なんとかしなければ、われわれはアメリカのみならず、全世界を失望させるだろう」
各邦一人から成る委員会が設置され、七月四日の独立記念日をはさんで、五日会議再開、委員会の報告が提出された。それは「両方が一括して採択されることが条件」で提案された二項目であった。

1．議会第一院においては、現在連合を構成している各州は、ヴァジニア案決議で規定されている住民四万人に一人の割合で代表を選出し、人口がその数に達していない州は代表一人を選出する。歳出入法案および合衆国政府官吏の俸給に関するすべての法案は第一院が発議し、第二院はそれを変更あるいは修正してはならない。
2．議会第二院においては、各州は平等の票をもつ。

これは、金銭を扱う歳出入法案の発議権と決定権を大州有利な人口比例代表の下院に与える代わりに、上院代議権の州平等を認めよという形の妥協案となっている。それは、上院州平等代表を確保した点で、小邦勢力の勝利であった。

マディソンは、これは妥協になっていない、歳出入法案の下院発議権というが、上院の小州七つつまり過半数の州が結束してその意向を下院の小州議員に伝えればいいわけで、上院の修正権禁止は意味がないと論じた。

モリスは、報告全体に反対した。「この案では、第一項に賛成するには、第二項賛成の誓約を求めるといっているようである。すべての面で間違っている。私はアメリカという国の代表としてここにいるつもりだ。諸君、それぞれの邦という狭い場所を超えて、現在という時点を超えて、ものを考えようではないか。これまでの議論を聞いていると、われわれは個別の邦との駆引きのために集まっているように思える。この国は団結しなければならない。……報告は、どこからみても、公共善のためを考えたとは思えない。提示された第二院では、州にたいする論争と懇願が絶え間なく、中央政府を傷つけ、第一院を支配するだろう。……邦＝州への執着こそがこの国の害毒である。なくすことはできないなら、せめて蛇の歯牙を抜くことはできるかもしれない」

ゲリイ「この報告には実質的な異議をもっている。しかしながら、われわれは特異な状況におかれている。われわれは一つの国家でもなければ、それぞれ違った国家の集合でもない。もし妥協が成立しなければ、結果はどうなるか。おそらく外国の武力がことをはこぶだろう」

会議は委員会報告の妥協案の細部についての議論を始めるが、歳出入法案の発議権と州平等代表権、それに奴隷の五分の三を人口比例の住民に数え入れるかをめぐって、七月六日から十六日まで、激論が繰り返された。
パタソン「人口比例原則によって選ばれる第一院が歳出入法案の発議権をもつことを小州が認めた以上、第二院の州平等代表権を認めなければ妥協はない。これ以外の妥協の根拠はない。私自身は、報告に反対する。なぜなら、大州に譲歩し過ぎだからだ」
モリス「私も反対である。なぜなら第二院の構成が不適切だからである。これでは姿を変えた連合会議である。新政府の第一の資質は個々人を守ることにある。州は二の次である」
シャーマン「なんらかの中央政府設立がみんなの願いであるとするならば、第二院の州平等代表はむしろ中央政府に活力をあたえるであろう。小邦の政府は、大邦のそれに比べて、より活力に満ちている。大邦では人民の現実かつ公正な意向を集約することが難しい。第二院で各州が平等の票を持てば、公共政策の支持に人民の多数に加えて州の多数が常に存在することになる」
報告にあった下院議員の人口四万人に一人という割合は、その後の人口増や新たな州の加入を考慮すると、下院議員数は膨れ上がるばかりで非現実的であるとして、憲法成立後の第一回議会の下院定員数を六十五人とする案が合意されたと同時に、議員数調整のため定期的国勢調査の実施も討議された。また、その後の人口増に加えて、州の「富」に応じて定員数を適宜検討する権限を中央議会に与えるとの提案が、奴隷邦から出された。
これと関連して、南部奴隷州の議員数を左右する奴隷五分の三の算入が論議となった。五分の三条項は、連合会議で各邦の分担金を定める際の計算の基礎として合意されたもので、ＶＡ案はこれを踏襲した。そこには大邦側が南部奴隷邦を抱き込む意図があった。ヴァジニアも奴隷邦であったが、当時奴隷人口の多かったのはノースカロライナ、サウスカロライナ、ジョージアであった。

パタソン「将来の議員数を住民数と富の量とを合わせた基準で決めるというルールは、極めてあいまいであり、反対する。黒人奴隷はどうみても財産であり、自由人ではない。個人の自由もない。……黒人奴隷がその属する州において代表されていないのに、どうして中央政府では代表されるべきなのか。……またこれは奴隷貿易を間接的に奨励するものである」

キング「南部諸邦はもっとも富んでいる以上、その優越をなんらかの形で考慮にいれないと、北部諸邦とは同調しないと思っている。……連合会議では十三邦中十一邦が分担金割り当てにおいて奴隷を考慮に入れることに合意している」

サウスカロライナ随一のプランテーション主ピアース・バトラーおよびピンクニー将軍は、代議権において黒人は白人と平等に数えるべきだとして、「五分の三」の文言の削除を動議した。「サウスカロライナの奴隷労働は、マサチュセッツの自由民と同じように、生産性も価値も高い。富は国の防衛にとって重大な手段であり、財産の保護を目的に設置する政府において黒人奴隷を代議権に組み入れるべきである」

メーソン「この動議は、ヴァジニアにとって有利であるとしても、賛成するわけにはいかない。なぜなら、それは不正だからだ。たしかに奴隷労働は輸出入を拡大し歳入を増やすなど、国全体にとって奴隷の価値はある。代表の算定からまったく排除すべきではないが、自由人と同等に扱うことはできない。付け加えれば、南部は、すべての邦に共通な種類の財産に加えて、風変わりな種の財産を所有している」

この動議は否決された。

七月十一日。ウィルソン「どのような原則によって五分の三の比率で黒人を数えるのか、判然としない。かれらは市民として認められるのか？　とすれば、どうしては白人市民と平等として認められないのか？　かれらは財産として認められるのか？　とすれば、なぜ他の財産は算定に組み込まれないのか？」

モリス「私は、南部諸邦に対する不公正か、あるいは人間性に対する不公正か、ディレンマに陥ったといわざるをえない。私は、南部への不公正をとる。なぜなら、黒人を代議権に数えることによる奴隷貿易の促進に決して合意できないからである」

七月十二日。ノースカロライナのウイリアム・デイヴィーは、「ノースカロライナは、黒人を最低でも五分の三に数えない条件では、決してこの新しい試みに同意しないと確信している。東部諸邦が黒人を全く除外するというのであれば、話は終わりだ」

七月十三日。ランドルフは、代議権は住民の数と「富」の多寡の両方に基づくとした動議から、「富」を削除する動議を出した。

モリス「もし黒人を住民とみなし住民原則のみを採るならば、五分の三ではなく黒人全体を数えるべきである。もし財産とみなすなら富という語は正しいし、その削除は矛盾である。この問題の議論は私を熟慮に導いた。その結果を率直にいうと、いわれてきた南部と北部の区別は不当であり、根拠がないということである……この区別はフィクションか、それとも現実なのか。もしフィクションなら、払拭して自信をもって進もう。現実ならば、折り合いのつかないものを溶け合わそうとしないで、互いに友好的な別れを告げようではないか。すべての個別利害に権利があるとするなら、その要求には際限がない」

バトラー「南部が求めているのは、この会議内外のいく人かの紳士がそうしたいと思っているような、黒人を南部から取りあげることのない保障である」

ウィルソン「すべての人はどこに住もうと平等の権利を持つと理解するならば、いくつかの小州が人口多数を有する時期がきても不可解ではない。多数者が少数者を統治する。もし大陸内部が発展してある州が人口多数を占めれば、多数者の権利を取得する。……それにもし数が適切なルールでないとしたら、他にもっと善いルールがなぜ提案されないのか。誰も試みていない。私は、財産が政府および社会の唯一あるいは第一の目的という考えには、賛成できない。人間精神の涵養と改善こそ最も気高い目的である。この目的及びほかの個人の権利に関して、人の数こそが自然で正確な尺度である」

「富」は、削除された。

七月十四日土曜日。懸案の「第二院は州平等代表」の問題が再び論議された。議論は蒸し返しで、対立は深まるばかりだった。

小邦で平等代表派のシャーマンは、委員会提案について「これは和解案である。多くの時間を費やした。もしこの案のどの部分をも変えようとするなら、それは会議全体のやり直しになる」と主張し、マーティンは「私は、この案を好まない。二院制は嫌いだし、第一院の人口比例代表も嫌いだ。しかし、何もしないよりこの案を試すことに同意する」といった。

ウィルソン「州平等代表は少数が多数を支配する案であり、正義の原則を侵すものである。財政に関する発議権については、上院が発議できないこと自体が不適当だと多くの人が思っている。再検討すべきだ」

ここで、チャールズ・ピンクニーは、州平等に替えて第二院議員定数を三十六人とし、大州のヴァジニア五人を最高に、小州デラウエアとロードアイランドそれぞれ一人とする配分案を提出、マディソンは合理的な妥協案だとこれを支持した。

マディソンはいう。「代議制とは、人民自身が集まることができない代わりの制度であるとすれば、その代表は人民が本来投票する票数に比して票を担うべきである。したがって、一院の適用されるルールは二院にも応用されるべきではないだろうか。州平等代表に反対するのは、少数が人民多数の意思を否定するからである。上院に与えられたこの特異な力によって、少数の賛成を条件とすることで必要な法案採択に脅しをかけうることになる」

ピンクニー提案は、六対四で否決された。賛成したのは、大州ではペンシルヴェニアとヴァジニア。マサチュセッツは反対した。

この会議の空気は、ワシントンが会議を離れていたハミルトンに送った七月十日付の手紙に如実に表れている。「いまや議論はかってないほどの悪い道に進んでいる。よい政府を確立できるとの期待の根拠はほとんど見えない。一言でいって、私はほとんど絶望的である。強力で活動的な政府に反対する人々は、私の意見では、狭量な政治家だと思う。……君がいないのは残念だ。戻ってきてほしい。この危機は、重大であるとともに不安である」。

十六日月曜日。この日は会議にとって最も決定的な日となった。人口比例代表派が敗れたのである。同時に、大妥協によって、会議そのものを救ったともいえた。

まず、これまでの討議を踏まえて修正された新たな決議案が提出され、票決に付された。決議案の骨子は次の通りである。
一、憲法成立後の最初の合衆国議会の第一院は、六十五人で構成される(以下各州議員数の割り振り)
一、各州人口のその後の変化にともない、議員割り振りを時宜に応じて変える権限を議会に与える。
一、国勢調査を第一回議会から六年以内に実施、その後、十年ごとに行う。

一、歳入、歳出に関するすべての法案は議会第一院が発議し、第二院はそれを変更、修正できない。

一、議会第二院においては、各州が平等の票を持つ。

そして、票決は全体に対する賛否で、個別条項の賛否は認められなかった。

票決の結果は、賛成五邦、反対四邦の一票差で、採択となった。反対は、ペンシルヴェニア、ヴァジニアに加え、サウスカロライナとジョージアであった。大邦のマサチュセッツは代表団で票が割れ無効票に、ニューヨークとニューハンプシャーは欠席だった。一票差の決定に、人口比例派はおさまらなかった。

ランドルフが発言した。「今朝の決議案票決にはきわめて困惑している。全員委員会の報告（ヴァジニア案決議）に規定されているすべての権力は、人口比例代表制が議会両院に適用されるとの想定に基づいている。私は、小州の利害を考慮して、その安全が危険にさらされると思われる場合には州平等の票を適用するケースを提示しようと思っていた。しかるに小邦の人びとはすべてのケースで州平等投票を要求し、そして成功した。どちら側にとっても、わずか一票差の多数で最終決定を下すのは虚しいではないか。このような理由から、大邦は会議のこの厳粛な危機においてとるべき適切な手段を検討し、小邦も和解の道について熟慮するために、会議を散会してはどうか」

パタソンは挑発的に反論する。「会議散会というならば、秘密会の規則を取り消して、われわれ選挙民と協議すべきだ。小邦としては、第二院の州平等代表権以外、いかなる根拠でも和解は受け入れられない。ランドルフ氏の動議が無期限散会を意味するなら、私は心から賛成する」

ランドルフ「無期限散会など考えたこともない。誤解を招いたとしたら残念だ。なんらかの和解案の可能性があるか考えるために明日まで休会しようという提案である」

新たな妥協案が生まれる可能性はないから休会は無意味であるとの意見が小邦から出されたが、結局、会議は翌日まで散会となった。

十七日朝、会議が始まる前に、大邦の代表数人が集まって対策を協議した。マディソンの記録によると、特定の提案はなく、意見の一致もみられず、あいまいな会話で時間を空費した。会議全体の失敗の危険を冒しても第二院の州平等代表にあくまで反対しようとする意見、会議体として合意されるならたとえ不完全で例外的な制度であっても小邦に譲歩しようとする意見、などが交錯したという。上院における州平等代表を認めるか、あるいは連邦憲法作成放棄か、の選択しかなく、人口比例代表派は敗北したのである。

再開した本会議冒頭、モリスが「まず、中央政府に与えられる必要な権限について決定し、それに照らして公正かつ適切に権限行使を行えるように政府機構の調整を検討するために」昨日の決議を再考する動議を出したが、誰も賛同しなかった。

苦い妥協を通過した会議は、次の議題へと進んだ。

第6章　最初の憲法草案起草へ

国家行政部についてのヴァジニア案決議は「行政長官は一人、国家立法部による選任、再選不可、七年任期、法案拒否権」である。このうち「行政長官は一人」は、すぐに全邦一致で再確認されたが、残りの条項はすべて再検討することになった。七月二十四日まで、断続的に議論が続いた。

選任方法については、まず、モリスが鋭く異議をとなえた。「行政長官が立法部によって選任されまた弾劾されるならば、立法部の単なる手先になってしまう。自由人民全体によって選挙されるべきである。人民が選挙すれば、必ずや優れた人格の人物、大陸大の信望を持つ人物を選ぶであろう。議会が選ぶとなると、それは徒党や派閥や陰謀の仕事になる。〝国家立法部〟を削除し、〝合衆国の市民〟に入れ替えることを動議する」

シャーマンがすぐ反論した。「国民の意向は人民全体よりも立法部によってよりよく表明される。人民は人物の人格について決して十分に知りえないであろう。加えて、人民は自らの州出身の人物に投票するだろうから、一人が過半数の票を得ることは難しく、また大州の支持者が選ばれるチャンスが大きい」

ピンクニー「人民による選挙となると、かれらは少数の活動的な策士たちに誘導されてしまう。人口の多い州が結託して特定の人物を当選させうる」

モリス「結託があるとすれば、それは大州の人民間ではなく、むしろ立法部の議員たちではないか。数人の策士の活動というが、そういうことは小さな選挙区では起こりうる。大陸大の選挙では決して起こらない。……立法部による選任では、行政部の独立性が保たれない。結果は、立法部の簒奪、専制であろう」

メーソン「行政長官の適格者の選択を人民に委ねるのは、盲人をして色彩を選ばせるがごときである。この国の領土の広さからみて、人民をして適切な人物を判断させるのは不可能ではないか」

キング「人民による選挙だと一人の人物に支持が集中しないというならば、この目的のためだけに人民が選ぶ選挙人(electors)によって選任するというのはどうか」

マディソン「立法、行政、司法の権力が分離され、またそれぞれが独立して行使されるというのは、自由な政府の根本的原則である。立法部と行政部の連合は公衆の自由にとって危険であり、行政長官の選任は立法部以外から行うことが不可欠である。あるいは、立法部から自由に行動できるように長官にある程度の長い任期を与えるべきである。人民全体による選任が最適であろう。人民による直接選挙の問題点は、選挙権が南部よりも北部でより普及していることである。南部は黒人奴隷のゆえに選挙において影響力がない。選挙人という代案はこの問題を回避できるかもしれない」

このような議論が繰り返されたあと、人民による選挙案は九対一で否決された。そして原案どおりの「国家立法部による選任」が全会一致で承認された。だが、最終決定とはならなかった。その後、再三、討議される。

議論が熱を帯びてきた十九日、モリスは「行政長官の構成について、全般的に再検討」する動議を出し、全会一致で同意された。選任方法を含めた再検討である。

早速、エルズワースが動議する。「国家立法部による選任」を削除し「州議会によって任命される選挙人による行政長官の選任」を提案した。選挙人の割り振りは、人口二十万人以下の州は一人、三十万人以下は二人、三十万を超える州は三人とした。この各州への割り当てを除いて、この動議は合意をみた。こうして、選任方法、任期、再選可否さらには弾劾可否をめぐって議論がつづく。

再選可否と任期の問題では、まず、再選不可となると、行政長官の業績が優れたものであっても再選によって報われる期待がなく、行政長官になろうとする動機が失われてしまうといった理由から、再選を認めるべきとの主張がなされた。すると、再選を認めるなら、任期は七年ではなくもっと短くてもよいのではとの議論になった。これは弾劾と絡み、任期を短くし再選を認めることで、選挙の洗礼を受けるから弾劾は不要、弾劾が立法部の権限であれば行政部の独立性は失われるという議論、権力乱用への保障として弾劾必要論とがたたかわされた。

このような議論の末、任期は六年、再選可がひとまず採択された。

そして、未決定だった州平等代表の上院議員数は各州三人か二人かで別れたが、最終的に二人ずつと決定、投票は連合会議の規定である州一票ではなく、個々人一票とすることで合意に達した。

また、憲法案の批准については、ヴァジニア決議案の「人民によって選ばれた代表者による会議」によるに代えて、「諸州議会による批准」が主として小邦の代表から提議された。マディソンは、これにたいして、「批准を人民に委ねることはこの憲法成立にとって最も重要かつ不可欠である。州議会は州憲法の産物であって、この憲法の批准権限をもたない。人民にすべての権力が存し、憲法はそれに依拠していることを忘れるべきではない」と、人民による批准会議を擁護、ランドルフ、モリスも擁護を弁論、州議会による批准は否決された。


かくして七月二十三日、これまでの議論と決議を踏まえた憲法草案を用意するための「細目調整委員会 the Committee of Details」の設置が決定された。五人の委員が互選された。ランドルフ、エルズワース、ウィルソン、ゴーラム、そしてサウスカロライナのラトリッジが選ばれた。その際、ピンクニー将軍が釘を刺した。「この委員会が奴隷解放および輸出税に関する南部の利害保証を怠るならば、サウスカロライナはその草案に反対する」。

細目委員会は設置されたが、行政長官の議論は続く。二十四日、再び行政長官は「国家立法部による選任」にすべきとの動議がなされた。ジョージアのような遠方から、行政長官を選ぶというだけのために選挙人が中央に集まるのは極めて不便であり多大な費用が掛かる、という理由からだった。また議論が蒸し返され、議論は沸騰し、二十五、二十六日と続く。

ゲリイは「もし国家立法部による選任となれば、再選不可とする必要がある。なぜなら行政部を立法部依存から離さなければないからである」と指摘した。

マディソンはいつものように論理的に説く。「すべての提案に反対があるようだ。選任方法は、国家あるいは州の下の現存の権力によるか、あるいは人民に由来するほかの特別の権力によるか、あるいは人民直接によるか、のいずれかである。国家の下の権力機関は立法部と司法部である。司法部による選任は論外である。立法部によるものは、行政部の独立性が危うくなるという反対が論じられた。……州議会は種々の悪法を生み出す強い性癖をもつ。国家立法部の目的の一つはこの性癖の制御にある。国家行政部の目的の一つは、法案拒否権を持つことで、同じ性癖に染まらないように国家立法部を制御することである。国家行政長官の選任を州議会に託すれば、この制御の目的の放棄になりかねない。……われわれの前にある選択肢は、人民によって選ばれた選挙人による選任か、あるいは人民直接の選任かである。前者は国家立法部による選任よりもずっと望ましいし、これまでの反対論の多くから解放されよう。最善の方法は人民による直接選挙であろう」

人民直接選挙は小州に不利といった議論が再び強調され、結論が出ないまま、メーソンはこれまでの否決あるいは可決されたりした諸提案を総ざらいした挙句、やはり原案に戻るのがいちばんよいと「立法部による選任、七年任期、再選不可」を動議する。モリスの全面反対の声はかき消され、結局、七邦対三邦の賛成多数で合意された。だが、ドラマはまだ終わらない。

かくして、「細目調整委員会」による憲法起草のため、七月二十七日から八月五日までの十日間、会議は休会となった。

八月六日、二十三条からなる憲法草案が会議に報告された。七日から逐条審議が始まり、九月八日まで続いた。一か月に及ぶこの審議は、ときには重箱の隅を突っつくような議論、また二か月間の議論の蒸し返しが多く、ある代表が「荒涼たる」と表現した場面もあった。しかし、また、最終憲法案に向けての重要な修正も行われた。

ここで初めて行政長官の肩書を「The President of the United States」と定めた。日本語訳では「大統領」だが、この名称は会議の議長presidentと同じである。そこには司会役の含意つまり強力な行政権を牽制するシンボリックな含みがあった。

これまでの議論、決議を二十三条にまとめてみると、問題点が浮かび上がってきた。最終案に向けての最も重要な二点を指摘すると、一つは、議会上院の権限が強くなっていることであった。上院は、条約締結権、大使任命権、最高裁判所判事任命権、州間の紛争の調停役、大統領の死去その他で職務執行不能となった場合は上院議長が次の大統領が決まるまで職務を代行する、弾劾裁判は上院の専権、などなどである。強力な行政権不信と〝民主的〟な下院への警戒心の反映といえるが、これは、三権分立、抑制均衡の立場から、また強い行政権を指向するナショナリスト派からは受け入れられないものだった。もう一つは、奴隷輸入の承認、それに対する課税（輸入税）禁止という南部奴隷州特にジョージアとサウスカロライナの主張を認めた条項である。

草案は「議会は、現存する州が入国を適当と認める人々びとの移住あるいは輸入に課税してはならない。またその移住あるいは輸入を禁止してはならない」と規定していた。奴隷という言葉は使われていないが、「移住あるいは輸入」はそれを指していた。

これは、論争を呼ぶこと必至であった。

逐条審議の過程で、さまざまな変更、修正が行われるが、ここでは前記の二点についての議論とその結果を追うことにする。

奴隷問題は、早くも八日、下院議員選出の基礎となる人口数に奴隷の五分の三を加算する条項に関連して、喚起された。

マサチュセッツのキングが口火を切った。「この条項は私の精神と全く合わない。多くのアメリカ人もそうであると信じている。これまで強く反対しなかったのは、この譲歩が中央政府強化につながると期待したからである。しかし、草案は二つの点で議会の手を縛っている。奴隷輸入を禁止できず、輸出税を課せないことである。これは道理にかなっているだろうか。奴隷輸入を認めるなら、その労働によって生まれる輸出は中央政府の歳入を補うべきではないか。全くの不平等、不合理であり、北部の人民は決して受け入れないであろう。少なくとも奴隷輸入が許される時限を決めるべきである。無制限の輸入を認めかつ国家立法部の代表選出に算入するとは、まったく承認できない」

シャーマン「奴隷貿易は不当である。しかし代議権については大いにもめた議論の末に決着がついたではないか」

モリスが熱弁をふるった。

「奴隷制度維持には決して同調しない。これは邪悪な制度である。奴隷州に対する天の呪いである。南北の中間に位置する州(ペンシルヴェニア、ニューヨーク、ニュージャージーなど)をみよ。繁栄し、人びとは幸福である。これに比して、奴隷を持つ諸州はみじめで貧困が広がっている。……どういう原理で奴隷を代表の算出に組み入れるのか？　かれらは人間か、ならば市民として投票させよう。財産か、それならほかの財産も算出に入れないのか。奴隷の算入とは、こういうことになる。ジョージアやサウスカロライナの人がアフリカの海岸に行って、人類の神聖なる法則に反して、かれらを家族や仲間から引き裂いて最も残酷な奴隷に落とすことによって、人類の権利保護のために組織された政府でより多くの票を得ようとする、ということである。この奴隷制度は、憲法草案中、貴族政的継続を示すもっとも顕著な条項である。隷属は貴族政のお気に入りである。北部のこの正義の法則の犠牲にたいする補償はなにか……議会は消費税、輸入税を課す無限の権限を有することになるが、その税は南部住民に比べ北部住民により重い。なぜなら、北部自由人が飲む中国産の下等な茶に支払う税は、生き延びるためのもの以外に何もない惨めな奴隷たちの全消費に対する税よりも、ぐっと重くなる。南部諸州は悲惨なアフリカの輸入を制限されず、その輸入税は免除されているのである」

気まずい沈黙が支配した。

前述の、列挙された議会の権限条項のなかの「連邦議会は各州から輸出される物品に税あるいは関税を課してはならない。また、現存の州が適当と認める人びとの移住あるいは輸入に課税してはならない。その移住あるいは輸入を禁止してはならない」との条文に関しては、八月二十一日から二十四日にかけて激しい議論となった。

モリスをはじめ北部の奴隷制非難に対して、サウスカロライナのラトレッジやピンクニーは、真の問題は南部諸州が連邦に参加するかどうかである、サウスカロライナは奴隷貿易禁止の憲法を決して認めない、と言い張った。奴隷州であるヴァジニアの、自らも奴隷所有者であるメーソンは「この非道な交易はイギリス商人の強欲に起因している。ヴァジニア植民地が奴隷輸入の停止を試みるたびに英国政府は常にそれを抑えた。この問題は奴隷州だけでなく連邦全体の問題である。……奴隷制度は工芸と生産を妨げる。奴隷が労働を提供するとき、人は労働を軽蔑する。……中央政府は奴隷の増加を防ぐ権限をもつべきである」と論じた。

ピンクニー「奴隷制は間違っているというが、世界にいくらでも例がある。古くはギリシャ、ローマはいうまでもなく、現在では、フランス、イギリス、オランダが認めている。あらゆる時代において、人類の半分は奴隷であった」

ピンクニー将軍「サウスカロライナとジョージアは奴隷なしにはやっていけない。……とはいえ、他の輸入品への課税と同様に、奴隷輸入に課税することは理にかなっていると認めよう」。現に、ノースカロライナでは邦としてアフリカからの輸入奴隷一人当たり五ポンド、他からの奴隷には十ポンドの税を課していた。

ランドルフは「会議はディレンマに晒されている。奴隷輸入を認める条項に同意すれば、奴隷を持たない州のクエーカー教徒、メソディスト教徒をはじめ他の多くの人びとが反乱を起こすだろう。他方、同意しなければ、連合は二つの邦＝州を失うことになる」といい、北部における奴隷制反対運動に言及した。

逐条審議では、議論が沸騰してなかなか合意が見いだせない条項については、そのつど少人数の委員会を設けて妥協案文をひねり出す方法をとったが、この奴隷輸入の問題も十一人からなる委員会に付託された。

八月二十四日、十一人委員会は「連邦議会は、一八〇〇年以前において、現存の州が適当と認める人びとの移住あるいは輸入を禁止することはできない。ただし、その輸入あるいは移住に対しては、他の輸入品の平均関税率を超えない額で、租税あるいは関税を課することができる」との案文を提出した。

これに対し、ピンクニーは奴隷輸入禁止の期限を一八〇八年まで延長するよう修正提案。マディソンが「二十年は自由にとってあらゆる害悪を生むだろう。長期間の規定は国家にとって、憲法に何も書かないよりも、もっと不名誉なことだ」と反対したが、七邦対四邦で修正は認められた。輸入税については「一人につき一〇ドルを超えない租税あるいは関税」と修正された。

議論では「奴隷 slaves, slavery」という言葉が盛んに使われたが、条文では回避された。モリスは、端的に「ノースカロライナ、サウスカロライナ、ジョージアへの奴隷の輸入」は禁止されないと書くべきと提案したが、メーソンは「奴隷」という言葉の使用には反対しないが、三州の名指しは州民に対するする攻撃となるので反対である」とのべ、奴隷州への配慮から委員会案文通りとなった。このようにして、十三州の連合を維持するために、期限付きとはいえ、奴隷輸入が認められたのである。そして、奴隷問題は、のちの南北戦争という血みどろの内戦を経なければ、解決しえなかった。

上院の権限過剰については、大統領の権限との関係で意外な展開をみせる。

大統領選任は議会かそれとも人民かの議論、再選の是非、それと絡んだ任期の問題が再び議論された。そして、上院の各種任命権は大統領の権力を削ぎ、最高行政権という大統領職を形骸化するのではとの懸念が表明された。草案は、大統領の死去その他の事故の場合にその職務を継ぐのは上院議長と規定していたが、そうではなく最高裁首席判事とすべしとか、行政参議会を設けて大統領を補佐あるいは大統領の独裁化を防ぐべき、といった提案など、議論は輻輳する。ここで再び十一人委員会に案文作成を付託する。

九月四日、委員会は報告した。

――大統領の任期は四年とし、同一任期で選任される副大統領とともに、次の方法で選挙される。

――各州は、その議会の定める方法により、州から連邦議会に送りえる上院議員および下院議員の総数と同数の選挙人を選任する。

――選挙人は、それぞれの州で会合し、秘密投票で二名を選出する。そのうち少なくとも一名は選挙人と同じ州の住民であってはならない。選挙人は、すべての得票者およびその得票数の一覧表を作成し、これに署名し認証したうえ封印して、上院議長に宛て、中央政府の所在地に送付しなければならない。上院議長は、上院ですべての認証書を開封し、投票を計算する。最多数の票が、選任された選挙人総数の過半数に達しているときは、その最多数を得たものが大統領となる。過半数に達した者が一名にとどまらず、しかもその得票が同数の時は、上院が直ちに秘密投票により、そのうちの一名を大統領に選出する。

過半数に達した者がいないときは、一覧表中の高得票者五名のなかから、同一の方法によって、上院は大統領を選出する。いずれの場合でも、大統領を選出したのち、次に最多数の選挙人の票を得たものが副大統領となる。ただし、同数の票を得た者が二名以上あるときは、上院は秘密投票でその中から副大統領を選出しなければならない。

――副大統領は、上院議長となる。ただし、可否同数の時を除き、票決には加わらない。副大統領が欠席のときは、上院は仮議長を選出する。
――大統領は、上院の助言と同意を得て、条約を締結する権限をもつ。大統領は、大使その他の外交使節、最高裁判所判事、ならびに他のすべての合衆国公務員で、その任命に関して別段の定めなき者を指名し、上院の助言と同意を得て、これを任命する。ただし、条約は、上院の出席議員の三分の二の賛成がなければ、成立しない。(傍点は筆者)

これは、大統領は「合衆国議会による選任、七年任期、再選不可」という草案の規定を全面変更するものだった。これまで話題にも出なかった副大統領が登場し、ウィルソンやキングが議論のなかで提案はしたが採用されなかった選挙人による間接選挙が導入された。任期は四年と短くし、再選不可の文言を削除することで再選が可能になった。

当然、説明が求められた。委員会のメンバーの一人、モリスが答える。

「第一の目的は、議会による選任にともなう党派の陰謀の危険を避けることである。誰も議会による選任に満足していないように思われる。多くの人が人民による直接選挙に懸念を抱いている。選挙人が大きく離れた場所で、全米同時に投票することによって、徒党による陰謀という最悪は避けられるであろう」

南部の代表は、依然、議会による選任・再選不可を主張したが、批判は、上院偏重に集まった。異口同音に、これでは大統領は上院によって選任されるようなものと指摘された。ランドルフは、大統領選挙に関してただでさえ強力な上院にこのような力を与えるのは、上院による貴族政治へと転換する危険があると論じた。ウィルソンは、この案では大統領は人民のものではなく上院の寵児になってしまうと批判、一回目の投票で大統領が決まらないときは、その後の選任は上院ではなく下院が行うべきと提案した。シャーマンは、下院に選任権が移るならば投票は議員一人一人ではなく、小州の利害保護のために州単位の投票にすべきだと提案した。

三日間におよぶ議論の結果、こうした提案は合意をみて、大統領は、任期四年、選挙人による間接選挙、第一回投票で決まらないときは下院による選任、その際は州単位の投票という、連邦憲法第二条第一節の規定となったのである。

副大統領職の創設には異論がでた。副大統領が上院議長となるのは、まるで大統領が議会の長になるのと同じようなもので全く不適切で、創設に反対するとゲリイは述べた。モリスは、第一の大統領継承者である副大統領がいなければ、大統領が事故の場合、上院議長が一時的に職務継承者となると草案に規定されている以上、同じことであると反論。しかし、それほどの議論もなく、副大統領創設は承認された。

条約締結権や人事任命権については、マディソンらが主張した大統領の権限が認められたが、「上院の助言と同意」を得たうえでとの条文となった。これに対して、とくに人事に関して三権分立の見地から上院の関与を否定し、大統領のみの責任において行使する権限との意見が出されたが、結局、報告どおりとなった(連邦憲法第二条第二節)。この「助言と同意」は、最高裁判事任命権をめぐる議論で、あくまで上院の任命権を主張した小邦にたいして、行政長官の任命権を主張した大邦が妥協として提案したことがあった。

このほか、草案の「歳入及び歳出に関するすべての法案は、下院が発議、上院はそれを変更あるいは修正してはならない」との規定が再び議論となった。ランドルフは、歳入に関する法案に限り上院の変更・修正は認めないとする提案を行い、メーソンは「人民を代表していない上院は人民に課税できない。しかし、多数が少数を抑圧する危険、またデマゴーグの有害な影響を考慮すると、多数の専制の抑制のため上院の修正権を認めるべきである」と主張した。最終的には、歳入に関するすべての法案は下院が先議権をもつが、他の法案と同様に上院は修正できることになった（憲法第一条第七節）。

草案は、合衆国議会＝連邦議会の有する権限として十八項目を列挙している。課題の課税権、通商規制権をはじめ、貨幣の鋳造、戦争宣言、軍隊の徴集、海軍の建設などなどだが、最後の第十八項は「前記の権限、およびこの憲法により合衆国政府またはその各部門もしくは公務員に対して与えられた他の一切の権限を執行するために、必要かつ適切なすべての法律を制定すること」と記されている。

この全十八項目は、州が連邦に委譲したものと解釈された。限定政府論である。草案審議の過程で列挙権限のうち、奴隷輸入との関連で輸入税、さらに輸出税の是非（南部は農産物輸出で繁栄し輸出税に反対）、平時における常備軍などが議論の対象となったが、最後の項目は議論らしい議論もなく合意された。しかし、この「必要かつ適切なすべての法律」という条項は、のちに連邦議会がその立法権限を拡大する根拠となったのである。

こうして逐条審議は終結に近づき、九月八日、審議で決まった修正条項を含めた最終草案起草のための五人からなる「文体調整委員会 the Committee of Stile and Arrangement 」が設けられた。秘密投票で選ばれた五人は、三〇歳台のモリス、マディソン、キング、ハミルトンのナショナリストたちと、六〇歳の法律家コネティカットのサミュエル・ジョンソンだった。

最終草案ができる間、憲法修正手続きについての議論が続いた。細目委員会の草案では「各州中三分の二の議会が要請するときは、合衆国議会は憲法修正のための憲法会議を招集しなければならない」と記してあるだけだった。これではあいまい過ぎるし州議会のみに権限を与えていると、マディソンの提案で「合衆国議会は、両議院の三分の二が必要と認めるときは、この憲法に対する修正を発議しなければならない。また全州の三分の二の議会の請求があるときは、修正発議のための憲法会議を招集しなければならない。いずれの場合においても、修正は、全州の四分の三の州議会によって承認されるか、または四分の三の州における憲法会議によって承認されるときは、あらゆる意味において完全に、この憲法の一部として効力を生じる。二つの承認方法のいずれによるかは、合衆国議会の定めるところによる」（連邦憲法第五条）と修正された。

これをみたラトレッジは、奴隷関連の条項が場合によっては修正されかねないと、「一八〇八年以前には」奴隷関連条項の変更はできないとの文言を追加する提案を出した。奴隷州最後の抵抗は認められた。

第7章 「権利の章典がない」——憲法案採択へ

九月十二日、文体調整委員会は、七条にまとめた最終草案を提出した。そこで大きくかわり、また深遠な意味を持つ、変更がなされていた。それは、逐条審議ではまったく論議されなかった前文であった。

八月六日に報告された最初の憲法草案では、前文は「われわれ……州の人民は」との書き出しで、十三州の名が列記されて「ここに、われわれの政府と子孫のために、この憲法を制定し、宣言し、確立する」となっていた。十三州名の列記は、連合規約前文を踏襲、つまり邦＝州単位の思考から抜けでていなかった。

新しい前文は「われわれ合衆国の人民は（WE, the People of the United States）」との書き出しとなり、「より完全な連邦を形成し」と続き、「正義を確立し、国内の平穏を保障し、共同の防衛に備え、全体の福祉を増進し、われわれとわれわれの子孫のために自由の祝福を確保する目的をもって、ここにアメリカ合衆国のために、この憲法を制定し確立する」となった。

この前文には、二つの意味がある。一つは、州の人民ではなく「合衆国の人民」としたことで、アメリカは「合州国」から「合衆国」となったこと。制憲主体は人民であると宣言したのである。もう一つは、最初の草案にはなかった「より完全な連合」「正義を確立」「自由の祝福」といった理念的文言を取り入れたことである。三か月余りの議論は、ほとんど連邦(国家)政府樹立にあたっての権力構成、政府機構の在り方に終始したといってよい。建国の理念は独立宣言に譲ったともいえようが、この前文で初めて合衆国全体としての理念表明は、合州が合衆になる契機であった。この文章は、グーヴァニュア・モリスの手になるといわれる。

因みに「アメリカ合衆国」は、the United States of America の翻訳語である。これは日本オリジナルではない。一八五〇年ごろの中国伝来という。その意味は「衆人の協力一致して経営する国」である(斉藤毅『明治のことば』)。

全七条の最終憲法案の検討が九月十二日から十五日まで行われたが、細かい調整の中で、重要な修正が一つあった。それは憲法修正手続きを定めた第五条に、「いずれの州も、その同意なくして、上院における平等の投票権を奪われることはない」との追加文言である。前述したように、一八〇八年まで認められた奴隷輸入条項がその前に禁止されるのを恐れた奴隷州がそれを禁じる文言を追加したように、小州は上院における州平等代表権が憲法修正で廃止されるのを恐れたのであった。この条項のゆえに、もっとも非民主的とされる上院平等代表権は、現在でも、手を付けることができないでいる。

もう一つの変更は、連邦議会の列挙権限の第一項で、その課税目的として、合衆国の債務の弁済、共同の防衛および「全体の福祉の目的」のためにと、全体の福祉が挿入されたことである。最初の草案では、単に「租税、関税、輸入税、消費税を賦課徴収する権限を有する」となっていただけだった。「全体の福祉の目的」のためには、「必要かつ適切」の文言とともに、連邦議会の権限拡張に資することになる。

長きにわたった会議は、代表たちの疲労の色も濃く、終結に近づいた。

十二日、民事裁判における陪審制が話題になったとき、ヴァジニアのメーソンが、「この憲法案は、まず権利の章典で始めるべきだった。権利の章典は人民に多大の平安を与えるだろう。すでにある邦の権利の宣言を参考にすれば、数時間で用意できる」と、そのための起草委員会を提案した。会議は、一瞬、重苦しい沈黙に包まれたと、マディソンは記している。これまで、議論は権力の構成に集中、三権分立、抑制均衡によっていずれかの権力を突出させないという形で、権力の危険性は論じられた。人民の権利を侵害する権力の危険性は想定外だった。メーソンに虚を突かれた。口を開いたシャーマンは「この憲法案は、州の権利の宣言を無効にしていない。それが有効であることで十分である」

メーソン「合衆国の法が、州の権利の章典に優先するではないか」

しかし、メーソンの提案は、ほとんど討論もなく、十対零で否決された。会議の空気は、これ以上の議論を厭い、権利の章典についてはシャーマンの説に与していた。その後の各邦憲法案批准会議で、「権利の章典」の欠如が憲法案反対論の最大の根拠になるとは、予期しなかった。

最終草案審議最終日の九月十五日、会議が終わりかけるころ、まずランドルフが憲法案反対を唱えた。

「この憲法案は、議会に対してあいまいかつ危険な権限を与えている。この偉大かつ荘厳な主題についての努力の終結にあたって、異論を申し述べるのは心苦しいが、私の困惑を和らげるために妥協的な方策を提議したい。すなわち、『各邦憲法批准会議で出されるであろう修正案を審議し、最終的な憲法案を決定するために第二回憲法制定会議を開く』のである。この動議が無視されるならば、私はこの憲法案に署名できない」

つづいてメーソンが発言した。

「危険な権限をもつ中央政府の構造は、結局は君主制あるいは専制的な貴族政に行き着くだろう。この憲法案は、人民の知識あるいは意見なしにつくられた。人民の意向をよりよく知ることによって、それにより合ったシステムをつくりえよう。この憲法案を飲むか否かと人民に問うのは誤っている。このままでは私は憲法案に署名できない。提案された第二回会議を設けるなら、署名できよう」

メーソンは十二日に、憲法案反対の理由を配られた最終草案の裏に書き留めていた。そのコピーを何人かの代表に回覧し、最終的にはパンフレットとして印刷された。かなりの長文で、大要は次のとおりである。

——権利の宣言がない。中央政府の法が各州の法および憲法に優先するならば、各州の権利の宣言は安全ではない。コモン・ローの恩恵を享受しているとしても、人民は安全ではない。

——上院は人民を代表していないのに権力を持ちすぎ、政府の均衡を壊している。歳入法案を修正する権限(憲法第一条七節)、大使任命権、条約締結権(第二条二節二項)、弾劾裁判権(第一条三節六項)を有し、任期が長く、好むままに人民の権利と自由を簒奪しうる。

——行政参議会がなく、大統領はお気に入りやおべっか使いに囲まれ、上院の道具になりかねない。東部、中部、南部から各二人ずつを下院で州単位の投票で選び、六人の行政参議会を設けて、大統領に適切な情報と助言を与えるべきだ。副大統領は不必要、他に仕事がないので上院議長とされているが、これは行政権と立法権の危険な混合だ。大統領に事故があったときは、参議会議長が大統領代行になればよい。

——連邦議会の列挙権限の最後にある「必要かつ適切なすべての法律を制定する」(第一条八節十八項)との一般条項によって、連邦議会は、かれらが適切と考えれば、通商に関して独占を認め、新たな犯罪を設け、また過酷な刑罰を課すことができる。

——報道・出版の自由あるはい民事裁判における陪審制の保障の宣言がどこにもない。

——この政府は穏健な貴族政として始まろうとしている。現時点では、これがその運営において君主制になるのか、それとも腐敗した専制的な貴族政になるのか、予測は不可能である。多分数年間はこの間を揺れ動き、最後にはどちらかになるであろう。

この反対論は、のちの各邦の憲法批准会議における憲法案反対派の主張をほぼ網羅している。ゲリイも、副大統領の上院議長、奴隷の五分の三の算入など、反対する条項を列挙して、署名拒否を宣言した。だが、第二回憲法会議開催のランドフ動議は、賛成なしで否決された。

そして、ほぼ四か月、五百六十六回の票決を行った憲法制定会議は審議を終え、最終憲法案は、最後まで代表を送らなかったロードアイランドを除き、全邦賛成で採択された。憲法案は清書に遷された。


九月十七日月曜日、清書された連邦憲法案が読み上げられた。フランクリンは用意した演説草稿を手に立ち上がった(ウィルソンが代読)。

「私は、この憲法案には賛成できない箇所がいくつかあることを告白する。だが、長い人生で、私は、より良い情報とより充実した熟慮によって、重大な主題についてでも意見を変えざるをえない多くの例を経験してきている。歳をとるにつれて、私は自らの判断により疑いを持ち、他人の判断をより尊重するようになった。こうした気持ちから、私は欠点も含めてこの憲法案に賛成する。……私は、もう一度憲法制定会議を開いたからといってより良い憲法案ができるかどうか、疑わしいと思う。……憲法案の完成は、この会議がバベルの塔の建設者のように混乱しわが連合がばらばらになることを確信して待ち構えているわれわれの敵を、驚かせるだろう。……私は、この会議の全ての人が、依然反対する人も含めて、このさい自らの無謬性に多少なりとも疑いを抱き、われわれは全員一致であると明らかにして、憲法案に署名するよう、願わざるを得ない」

フランクリンの懇請にもかかわらず、メーソン、ランドルフ、ゲリイの三人は署名しなかった。署名したのは、議長のワシントンを含め、この日会議場にいた十二邦三十九人。

かくして、その権限おいて、一部は国家的で一部は連合的な連邦制、三権分立、抑制均衡を柱とした権力構成は成案となった。

議長ジョージ・ワシントンは、十七日付の日記に、こう記している。「会議は終わった。代表たちは the City Tavern に赴き、共に夕食をとり、互いに心をこめた別れを告げた。このあと、私は宿舎に帰り、会議書記から文書を受け取り、残りの仕事をかたづけた。そして、日曜日と草案起草のための十日間の休会を除いて、毎日、五、六時間、時には七時間も討議に費やした、この意義深い重大な四か月について、沈思黙考した」

同案は憲法第七条により、九邦の批准をもって憲法として発効するが、その道は決して平坦ではなかった。

第8章　波乱の批准会議——権利の章典の要求

連邦憲法案は、九月二十八日、連合会議から批准のために各邦へと送付された。批准は、会議の取り決めによって、そのためにとくに選ばれた人民代表による批准会議で審議、決定することになった。秘密会で憲法制定審議に参画できなかった人民は、ここで初めて議論に加わる。会議の代表たちは地元に帰って憲法案とその審議の内容を説明するが、たちまち賛否両論の論争となる。新聞、パンフレットを通じて主張が激しく熱心に戦わされた。

ここでナショナリストすなわち憲法案擁護派は、自らを〝フェデラリスト〟と名乗り、本来は連合＝連邦(federal)体制保持のフェデラリストである憲法案反対派を〝アンティ(反)フェデラリスト〟と呼ぶシンボル操作を行う。憲法案擁護派は、この憲法は国家的な統一政府ではなく、委託された権限のみを持つ限定された連邦政府の樹立であると説くことで、フェデラリストを自称したのである。

反対派の主張は多岐にわたり、必ずしも統一されたものではなかった。邦の独立・主権に執着するいわば保守派、自営農民の直接民主制を指向するもの、人民の自由と権利を護るには小さな共和国つまり邦=州でなければ不可能とする信念(モンテスキュー『法の精神』岩波文庫版上　二四二ページ)からの反対論もあった。そしてメーソンが主張したように、人民の代表でない上院に過大な権限を付与し、州の司法権を脅かす連邦最高裁を創設した憲法案は、反民主的で貴族政治に向かうとの主張も強かった。この多様な反対論あるいは憲法案に対する懐疑論をつなぐ琴線は、「権力はそれ自体増大し、腐敗する性質をもつ」という革命期の経験と信念、すなわち「権力への不信」であった。アンティフェデラリストたちの最も強い反対の根拠が権利の章典の欠如であったのは、この権力不信に根ざしている。

権利の章典 **a bill of rights** は、いうまもなく、英国の一二一五年のマグナ・カルタ、一六二八年「権利の請願」、一六八九年「権利章典」へと続く、国王の専制的恣意的権力行使から人民の自由と権利を保障する法典である。王と貴族との間で結ばれたマグナ・カルタ(大憲章)で重要なのは、「国の法に基づいて」訴追、裁判を行わなければならぬとする、のちの「法の適法手続」につながる条項である。チャールズI世の専横に対する議会の請願には、「理由を示されずに逮捕、投獄はされない」「住民の意思に反して、兵士をかれらの宿舎に宿泊を強制されない」「議会の同意なしに公債、租税その他の金銭上の負担を強制されない(代表なくして課税なし)」が請願された。名誉革命(一六八八年)後に法制化された「権利章典」は、それまでの慣習、伝統、先例によって認められてきた適法手続きの権利に加えて、①請願の権利②言論、討論の自由③法外な保釈金、罰金、残虐な処罰の禁止④陪審による裁判⑤議会の同意なくして平時の常備軍維持の禁止——などが明文化された。

この個人の権利の保護の思想は、アメリカ植民地に伝わっていく。独立宣言前後には各邦はなんらかの権利の章典あるいは宣言を採用した。十三邦中七邦はその邦憲法の一部として自らの権利の章典を明示し、残りの邦は英国の権利章典の一部を憲法に盛り込んだ。

すでに触れたように、ヴァジニアは独立宣言より二十二日前の一七七六年六月十二日、ヴァジニア権利の章典を施行した。その起草にはジョージ・メーソンが中心的役割を果たした。「すべての人は平等で自由かつ独立であり、人が社会契約を結ぶとき、かれらの子孫から奪いあるいは剥ぎとることのできない一定の権利を持っている。すなわち、財産を獲得、所有し、幸福と安全を追求、入手する手段をともなう生命と自由の享受である」「すべての権力は、人民に与えられており、その結果人民に由来するものである」といった数ヵ条の書き出しのあと、アメリカ人の自由の守護神と信じられた出版の自由、良心に従う信教の自由、陪審による公正で速やかな裁判、そのほか英国権利章典の項目を含んだ十項目の権利が列挙されている。これは、各邦の権利の宣言あるいは憲法のモデルとなったといわれる。権利の章典は、いわばアメリカ革命の政治思想の要約であった。

では、なぜ制定会議の終わるころにメーソンが「権利の宣言がない」と発言するまで、まったく議題にならなかったのだろうか。

各邦の批准会議で、憲法擁護派の代表たちは質問攻めにあった。ペンシルヴェニアのウィルソンの答えはこうであった。――政府のシステムを構成する際には、権利の章典は不要である。自由は現存し章典がなくても保護されている。厳密に委託された権限だけを持つ政府であるから、憲法自体が権利の章典なのである。それに、権利の章典は役立たない。なぜなら、権利の章典によって連邦政府に特定の禁止事項を列挙するとき、そのリストが完全でなければ、省かれたものは故意になされたと思われ、かえって危険であることを想起すべきである。

この論理は、擁護派が共通して使用した。憲法案擁護論の集大成である『ザ・フェデラリスト』第八四篇のなかで、アレクサンダー・ハミルトンは、権利の章典が省かれた理由を次のように述べている。

「権利の章典を憲法案の中に入れることは不必要であるのみならず、かえって危険ですらあることを明らかにしたい。というのは、もし権利の章典を入れるとなると、それは元来連邦政府に付与されていない権限に対する各種の例外を含むことになり、その結果、連邦政府に付与されている以上のものを、連邦政府が主張する格好の口実を提供することになるからである。……たとえば、そもそも出版に制限を加える何らの権限も与えられていないときに、出版の自由はそれを制限してはならないなどと、なぜいわねばならないのか。……そのような規定は、出版規制権を簒奪しようとしているものにとっては、出版規制権を主張するもっともらしい口実を与えることはたしかであろう。……

結局のところ、真実は、憲法それ自体が、いかなる合理的な意味においても、またいかなる有用な目的のためにも、権利の章典にほかならないということである」

しかしながら、この理屈はアンティフェデラリストを説得しえなかった。連邦議会が「必要かつ適切」としてある特定の法をつくったとき、誰がこの議会の口実を無効にできるのか、それは権利の章典しかないとアンティフェデラリストは反論した。権力の危険性に対する保障をあくまで求めた。

各邦の批准会議の動向で注目されたのは、ペンシルヴェニア、マサチュセッツ、ヴァジニアの大邦と、南部と北部とを分断するようにその中間に位置し商業都市として栄えつつあったニューヨーク市を持つニューヨーク邦の四邦であった。もしこの四邦のうち、一つでも欠けるとすれば、新しい連邦共和国は脆弱とならざるを得ず、正統性を疑われることになる。

最初に批准したのは、デラウエアで十二月三日に会議を開き、七日には三十対零で批准した。つぎは、ペンシルヴェニアで、会議は十一月二十一日に始まったが、批准投票は十二月十二日で、四十六対二十三であった。ウィルソンらフェデラリストは反対派が結束する前にことを運ぶのに成功したという。グーヴァニュア・モリスは、マサチュセッツが批准すればあとは雪崩現象だ、との観測をもらした。

そのマサッチュセッツが批准会議を開いたのは翌一七八八年一月九日。それまでに、ニュージャージー、ジョージア、コネティカットが批准した。小邦は、上院の二名ずつの州平等代表が認められたことで、容易に批准に傾いたのである。

マサチュセッツは、批准までに一か月以上かかっている。反対派の勢力が強かったのである。反対派が重視した争点は、奴隷制廃止の欠如、二年おきの下院議員選挙(毎年を主張)などがあったが、やはり焦点は権利の章典であった。フェデラリストたちは「憲法全体が権利の章典」というウィルソンの議論を繰り返したが、反対派は強硬だった。批准に敗れることを心配したフェデラリストたちは、最終的に「連邦議会に明白に委託されていない権限は、すべて諸州に留保されている」との原則を述べた修正案を付帯し諸邦に提示することに同意した。二月十六日ようやく票決に入った結果は、百八十七対百六十八という際どい批准であった。これは条件付き批准ではなく(これは許されないとみなされていた)原則表明であったが、のちに権利の章典となる憲法修正への拍車となった。

このあと、メリランドが四月二十六日に、サウスカロライナが五月二十三日に、ニューハンプシャーが議論紛糾のあと六月二十一日これも五十七対四十七という僅差で、批准した。これで批准は九邦に達し、法的には連邦憲法は成立、新しい政府の発足が可能となったが、人口のいちばん多いヴァジニアと四番目に多いニューヨークが参加しない限り、その正統性は疑わしいと思われた。

衆目を集めたヴァジニア批准会議は、六月二日に始まった。この日まで開くことができなかったのは、憲法をめぐる対立がきわめて厳しかったためである。フェデラリスト側にワシントン、マディソン、ジョン・マーシャル(初代最高裁首席判事となる)、アンティフェデラリスト側にはメーソン、その雄弁で名高いアメリカ革命の指導者、このとき五一歳のパトリック・ヘンリイ(「自由か、しからずんば死を！」）などがいた。

パトリック・ヘンリイは憲法案全体を嫌う。権力が集中過ぎている、大統領はあと一押しで王座に就く、議会の課税権は片手で財布のひもを握り、もう一方の手で剣を振るうようなものである。「〝われわれ諸州は〟ではなく〝われわれ人民は〟という言葉を使用することを、一体、誰が認めたのか？」と問う。そして、「強固な統合政府」の設立をねらうこの憲法案は諸州の権利と自由を奪うとし、権利の章典の欠如を攻撃、批准前の修正を求めた。

ヘンリイの熱弁に対して、マディソンは「われわれは憲法案をそれ自体の価値のみに基づいて判断すべきである。われわれはこの憲法案が公共の福祉を促進できるかどうかを論じている。その際に、議論を感情や熱情に訴えるべきではない」と、冷静かつ合理的な議論を訴えた。

フェデラリストたちは、条件付き修正に反対、まず批准して必要な修正があれば第一回連邦議会に提出すべきではないか、と反論した。ヘンリイは、あくまで修正を求め二十条の権利の章典とさらに二十か所の草案本文の修正を提出した。マディソンは、条件付は混乱に陥ると、批准前の修正に反対、しかし、批准否決を恐れたマディソンは譲歩し、ヘンリイの修正条文のいくつかは「必要であるからではなく、なんら積極的危険を生ずる可能性がないから」と、批准後の追加を約束した。批准票決の当日六月二十五日、マディソンは再び、新政府発足後の修正を約束したが、あくまで事前修正を求めたヘンリイは「批准前に、憲法案の最も異常な部分に対する修正案とともに、権利の章典を起草すべきである」との決議案を提出した。これは八十八対八十で否決された。ついで批准可否の投票に移り、八十九対七十九の十票差で批准にこぎつけたのである。ヘンリイも含めて、アンティフェデラリストたちは、マサッチュセッツでもヴァジニアでも、決まった以上は多数の意思に従い、新政府発足の妨害はしないと宣言した。

ヴァジニアで批准は十邦に達したが、確固とした合衆国のためには、戦略的な位置を占めるニューヨークの批准が不可欠だった。同邦では、憲法案賛成の商業都市ニューヨーク市およびその周辺地域と、反対派の大地主や自営農民層とが対立、むしろアンティフェデラリスト派の方が優勢であった。ヴァジニアの様子をうかがいながら批准会議は六月十七日に始まったが、ヴァジニアの批准は反対派にとって痛手だった。少数派であったフェデラリスト派は、もし批准を拒否するなら、ニューヨーク市とその周辺の郡はニューヨーク州から離脱すると警告した。ここでも、第二回連邦会議招集を求めるなどさまざまな修正案が出されたが、結局、七月二十六日、三十対二十七というきわどい僅差で、批准となった。

こうして、一七八八年夏にアメリカ合衆国憲法は成立、一七八九年二月に大統領選挙が実施され、ジョージ・ワシントンが初代大統領に就任した。批准を拒んでいたノースカロライナは、このような事態となって、同年十一月に批准した。憲法制定連邦会議に代表派遣を拒否したロードアイランドに対しては、第一回連邦議会が一七九〇年春、批准しなければ合衆国はロードアイランドとの関係を全面的に断交すると通告、それをうけて同年五月に三十四対三十二で批准した。十三州の連邦成立である。

このように諸邦の批准会議の多くは接戦であった。特にマサッチュセッツ、ヴァジニア、ニューヨークでそうであった。指摘してきたように、根強い反対の主な理由は権利の章典のないことであった。ヴァジニアではマディソンが第一回連邦議会で権利の章典を追加すると約束して批准にこぎつけたが、連邦下院議員に選ばれたマディソンは約束通り、憲法修正案としての権利の章典採択に動いた。

一つの問題は、この修正を憲法本文に盛り込もうとする動きであった。そうなると人民の権利保障の追加だけでなく、憲法の内容に不満を持つものが前文の書き換えをはじめ、ありとあらゆる修正案が出される恐れがあった。そうなれば議会は事実上の第二回制定会議と化しかねない。修正案を審議するため各州一人の代表で構成された委員会は、賢明にも審議を権利の章典の条項に限定し、それは本文に盛り込まず、修正条項として別個に追加することにした。

一七八九年六月八日提出された修正条項のリストは、ほとんどヴァジニア権利の宣言と同じ内容であった。長引いた審議の中で問題となったのは、「この憲法によって合衆国に委任されず、または州が行使することを禁じられていない権限は、各州または人民に留保される」(修正第一〇条)の文言をめぐってであった。州権論者の一人が「明示的に委任されていないすべての権限」と替えるようにと提案した。これにたいして、マディソンは「憲法をあらゆる些細な細目の列挙に身を落とすのでない限り、必然的に含意による権限を認めなければならない。政府を明示された権限の行使のみに限定することは不可能である」と反論、この提案は否決された。憲法の一定の融通性を確保したのである。他方、マディソンは、権利の章典は「連邦政府とともに州政府をも拘束する」との規定を盛り込むようにと提案したが、これは連邦政府に権限を与えすぎるとの理由で否決された。

議会は九月二十五日、上下両院でそれぞれ三分の二以上の賛成を得て十二条の修正案を可決、憲法規定の通り批准のため各州議会に送付された。十二条中、下院議員の数に関するものと、議員の報酬に関するものは批准されなかった。一七九一年十二月十五日、ヴァジニアが十一番目に批准、修正第一条から第一〇条までの権利の章典は成立した。(実質的に八条までが権利章典。九、一〇条はことわり書である)

すなわち、修正第一条「信教、言論、出版、集会の自由、請願権」、第二条「人民が武器を保有しまたは携帯する権利」、第三条「所有者の同意のない限り、兵士を宿営させない権利」、第四条「不合理な捜索、逮捕、押収の禁止」、第五条「大陪審による告発、起訴の保障、法の適正な手続きによらない生命、自由、財産の保障」、第六条および第七条「陪審審理、迅速な裁判、刑事上の人権保障」、第八条「残虐、異常な刑罰の禁止」なである。(付録「合衆国憲法」参照)

権利の章典は、元来、国王とその臣下との約束であった。しかし、共和国においても、また民主政治においても、統治に伴う権力の危険性は変わらない。特に、人民の自由と権利の根幹である表現の自由を侵すべからざるものとした修正第一条は、その危険性に対する防波堤として最も重要である。

「合衆国議会は、国教を樹立しまたは自由な宗教活動を禁止する法律、言論もしくは出版の自由を制限する法律、または人民が平穏に集会し、苦情の解消を求めて政府に請願する権利を奪う法律を制定してはならない」と、「してはならない」と明確に権力の介入を禁止している。

厳密にいえば、この十ヵ条は「修正」であって、憲法本文の一部ではない。だが、その成立過程から、権利の章典は原憲法と一体のものとみなされている。

第9章　未完の権利章典——奴隷制廃止と「法の平等な保護」

アメリカ独立戦争という革命によって確保した人民の権利を、権力の危険性から保障する権利の章典は、かくして憲法に書き込まれた。しかしながら、この権利の章典は、相互に関連する二つの問題を孕んでいた。

一つは、何にたいして人民の自由と権利を保障するのか、である。憲法制定当時、それは連邦政府の行為に対して人民の権利を保障するものと考えられた。マディソンの「権利の章典は州政府をも拘束する」という提案が否決されたように、州政府の行為に対してではなかった。制定会議の論議の流れ、権利の章典追加の経緯からすれば、それは連邦を構成する州の権利を保障する意味合いを持っていた。憲法は、連邦議会の権限を一八項目列挙(第一条八節)して、それ以外の権限は州に留保されるという限定政府論の考えがあり、修正第一〇条は「この憲法によって合衆国に委任されず、または州が行使することを禁じられていない権限は、各州または人民に留保される」と、念押ししているのである。いいかえれば、保障するのは、連邦政府に対する各州の権利および各州内の市民の権利であって、州政府が州内の人民の権利を侵害しても連邦憲法の権利の章典は関知しない、ということになる。州内の人民の権利は州憲法とその権利の章典の問題とされた。それは、必ずしも連邦憲法の権利の章典と同一のものではなかった。つまり、制定当時の権利の章典は、連邦政府による州権侵害への歯止めという性格を持っていた。

このことは、憲法に含意されていたが、明文化されてはおらず、解釈の余地が残っていたが、一八三三年の最高裁判所判例によって、明確にされた。メリランド州のボルティモア市は、道路建設、舗装改善のために条例によって、ボルティモア湾にそそぐ河川の流れを人工的に変えた。その結果、雨による増水で土砂が湾内波止場に流れ込み堆積、接岸できる船が限られてしまい、波止場の経営者ジョン・バロンはそのため経済的に大損害を蒙ったとし、同市の行為は、修正第五条の「法の適切な手続きによらずに、生命、自由または財産を奪われることはない。何人も、正当な補償なく、私有財産を公共の用のために徴収されない」に違反すると、市長及び市議会を訴えた。下級裁判所は、損害を認め市に四五〇〇ドルの支払いを命じたが、控訴審で逆転、最高裁に持ち込まれた。最高裁は全員一致で「修正十条は、それを州政府に適用する意図を示す表現を含んでいない。したがって、最高裁がそれを州に適用することはできない」と判旨した(バロン対ボルティモア事件)。この解釈は、後述する修正第一四条の成立によって、変更されていく。

もう一つは、人民あるいは市民とはだれを指すのか、という問いである。いいかえれば、女性の権利と奴隷の問題、「すべての人は平等に造られ、造物主によって一定の奪うことのできない権利をあたえられ」と独立宣言に唱われた自明の真理と、どう整合するのかという問題である。

憲法本文と権利の章典には、性を区別する表現は、ほとんどみられない。上下両院議員および大統領の被選挙資格を規定するさいの表現は、パースン person である。性別表現があるとすれば、大統領の代名詞として男性代名詞 he が使用されているのみである。とはいえ、十八、十九世紀の社会の通念として、女性は政治過程から排除されていた。一八四八年七月、ニューヨーク州セネカ・フォールズで女性参政権運動、女性解放運動の出発点となる女性権利大会が開かれた。採択された宣言は女性が当然の権利として持つ平等の立場を要求して、こう述べている。「人類の歴史は男性の女性に対する虐待と強奪の繰り返しの歴史であり、そこでは女性に対する絶対的暴政を樹立することが直接的な目的となっていた。……彼は彼女が他に譲り渡すことのできない選挙権を行使するのを許したことがなかった。彼は彼女を、その制定において彼女が何の発言権を持たなかった法律に服従させてきた。……」

その後、女性参政権運動はさまざまな形で続けられたが、実現は一九二〇年成立の女性参政権を定めた修正第一九条まで待たねばならなかった。

憲法本文および権利の章典には、「奴隷」という言葉も一切使われてない。一八〇八年まで奴隷の輸入を認めた条項の表現は「現存する諸州が受け入れを適当と認める人びとの移住および輸入」（第一条九節）である。また、下院議員の人口比例代表の母数となる州人口に奴隷の五分の三を加える条項でも「……自由人の総数に、自由人以外のすべての人数の五分の三を加えたものとする」という表現になっている。制定会議の論議では、「奴隷」がしばしば取り上げられたのに、憲法にその文字を使用しなかったのはなぜだろうか。憲法起草者たちが、奴隷制度の存在を恥あるいは罪、と考えたからだろうか。すでに指摘したように、奴隷輸入の承認が奴隷州とくにサウスカロライナとジョージアを連邦に繋ぎ止めるための妥協だったとすれば、輸入禁止となった一八〇八年以降に奴隷問題が顕在化することは必定であった。

十九世紀に入って、奴隷解放運動は国際的な動きとなっていた。黒人奴隷を北アメリカに持ち込んだイギリスでは、一七七二年に本国の奴隷制を否認、一八〇二年には奴隷貿易を停止、そして一八三三年イギリス帝国全域の奴隷制を有償で廃止した。フランスでは、一八二〇年に奴隷貿易を禁止、一八四八年には奴隷制を廃止した。

こうした国際的動向に呼応するように、一八三〇年代にアメリカ合衆国でも奴隷廃止運動が勢いを増した。合衆国北部では、クエーカー教徒や福音主義派など道徳的宗教的信念から、また独立宣言に唱われた自然権に基づく人権思想から、奴隷制廃止を訴える人びと、有償による漸進的奴隷解放運動を提案するものから、即時無償奴隷制廃止を主張するもの(abolitionists)まで、さまざまな運動が展開された。一八三三年にはアメリカ反奴隷協会が設置され、廃止論者は連邦議会に奴隷廃止の請願を送り続けた。

しかし、奴隷制度は南部の経済社会に深く根を下ろしていた。十八世紀の南部における奴隷は、主としてタバコやインディゴ（藍）の栽培に使役されていたが、その価格低迷と需要減で、奴隷労働によるプランテーション経営は自然消滅になるのではと思われていた。ところが、一七九三年の綿繰機の発明で綿の繊維の分離が画期的に容易になり、折からのイギリス産業革命で綿の需要が急増、南部経済は綿栽培に転じた。綿摘労働に黒人奴隷の需要が増えたのである。タバコ生産のヴァジニア、メリランド、ノースカロライナの高南部から、綿栽培に適した低南部、サウスカロライナ、ジョージア、そしてその後新たに州となったアラバマ、ミシシッピ、ルイジアナへと奴隷は移動していく。奴隷輸入禁止となった一八〇八年以降も密輸は続いたが、それよりも国内での奴隷売買によって奴隷は増えていった。奴隷に出産を奨励しその子を売るのである。

一八六〇年当時の合衆国人口は三一四四万三〇〇〇人、うち黒人は四四三万八〇〇〇人で、全体の一三パーセントだったが、黒人の九四・六パーセントは南部に住んでいた。特にミシシッピ、サウスカロライナでは黒人人口が五〇パーセントを超えていた。一八四〇年には南部は世界の綿花総生産高の六割を産出し、六〇年にはアメリカ合衆国の総輸出額の五七・五パーセントを綿花輸出が占めていた。

このような南部社会をかかえて、一八六〇年までに奴隷制度を政治的に廃止することは不可能な段階に達していたといえよう。

西部領地が新しく州になるさいに奴隷禁止の自由州が増えて政治的勢力が低下することを恐れた南部は、奴隷州と自由州の数の均衡を維持するように画策してきた。たとえば、一八一九年ミズーリ準州が州への昇格を連邦議会に求めたとき、ミズーリを奴隷州にするか自由州にするかで大いにもめた。当時、奴隷州と自由州は各十一で均衡していた。ミズーリがどちらになっても均衡が崩れる。翌一八二〇年、ミズーリを奴隷州と認める代わりに、マサチュセッツから分離したメイン州を自由州とすること、そして今後、ミズーリ以西の地域の州昇格に際しては、同州南辺に当たる北緯36度20分以北の地域で奴隷制を禁止することで、妥協が成立した（ミズーリ協定）。一八五〇年までに奴隷州と自由州は十五州ずつとなった。ということは、上院議員は各州二人だから、奴隷州の上院議員数は三十人を占め、三分の二の賛成を必要とする憲法修正による奴隷制廃止は不可能であった。

対メキシコ戦争（一八四六―四八）によって、合衆国はカリフォルニアと、後にユタ、コロラド、ネヴァダ、アリゾナなどの州になる西南部の土地を獲得した。この新しい土地に奴隷制を認めさせるかどうかに、奴隷州の生き残りがかかっていた。一八五〇年にカリフォルニアが自由州として加入、バランスは崩れていく。南部は連邦脱退も辞さない姿勢を示した。そこで、メキシコから獲得したニューメキシコ、ユタを準州として組織、そこで奴隷制を認めるかどうかは、将来の州昇格の際に住民が決定する（住民主権）との妥協が生まれた。さらに、一八五四年、アメリカが西へ西へと拡大していくなかで、アイオワとミズーリの西にネブラスカとカンザスの準州二つを作る案が持ち上がった。この地域は北緯36度20分以北であり、奴隷制は認められないはずだった。これに南部は猛反発、ここでもこれらの準州で奴隷制の可否は住民の意思によるとの妥協（カンザス・ネブラスカ協定）が成立した。これは事実上、ミズーリ協定の破棄で、どこでも住民主権で奴隷制が認められる可能性が生じたから、こんどは北部が激怒し、奴隷制に反対するものを結集した共和党の出現を促した。

一八五六年の大統領選挙では、奴隷州十五、自由州十六であったが、その後自由州にオレゴンとミネソタが加わり、リンカーン共和党大統領が当選した一八六〇年選挙では自由州が十八となっていた。

新しい土地への奴隷制導入に反対しまた奴隷廃止論者の支持が強い共和党のリンカーン当選を確認したサウスカロライナ州議会は十二月二十四日、連邦からの即時分離を決議する。ジョージア、アラバマ、ミシシッピ、テキサスなど低南部六州が続いて分離宣言した。一八六一年四月十二日、サウスカロライナ州が沖合の連邦軍事施設サムター要塞を攻撃、南北戦争が始まった。ここに至って、高南部のヴァジニア、ノースカロライナ、テネシー、アーカンソーの四州も離脱、南部十一州のアメリカ連合国(南部連合)と連邦軍との、南北合わせて六〇万人以上の死者を出した、血みどろの戦いが三年余続くのである。自由州と接し境界州と呼ばれた奴隷州のデラウエア、メリランド、ミズーリ、ケンタッキーは、連邦に残った。

南北戦争ただなかの一八六三年一月一日、リンカーン大統領は奴隷解放宣言を布告した。これは、植民地時代から続いたアメリカの原罪ともいえる奴隷制度が廃止され、合衆国の一大転換期を迎える出来事であった。しかし、宣言だけでは強制力はない。次の作業は、憲法による奴隷制度廃止の規定、そして解放された黒人の市民権の保障であった。それは、上院で北部の共和党議員を中心にはじめられたが、決して容易な作業ではなかった。

憲法修正による奴隷制廃止の規定は、解放された黒人の平等の権利保障をともなうのが当然と考えられた。その権利には投票権あるいは参政権が含まれるとも考えられた。しかしながら、奴隷廃止賛成者の中にも、投票権を認めることに躊躇するものもいたし、連邦に残った境界奴隷州への政治的配慮も必要だった。奴隷制廃止は必ずしも人種平等を是認するものではないとの空気も強く、また奴隷解放によって自由を与える以外のことは、州にまかせるべきだとする州権尊重の意見もあった。

まず上院は、一八六四年四月、黒人の市民権には全く触れないで、

第一節　奴隷または意に反する苦役は……合衆国またはその管轄に属するいかなる場所においても存在してはならない。

第二節　合衆国議会は、適切な立法によって、本条を執行する権限を有する。

という、奴隷禁止のみを規定した修正第一三条を、賛成三十三、反対六で採択した。反対したのは境界州デラウエアとケンタッキーの各二人と、北部民主党議員二人だった。

修正案は下院に送付されたが、三分の二の票の賛成票を集めるには、奴隷制即時廃止に反対する

もの、また州権尊重の北部民主党のいく人かの議員の賛成を要した。六月の票決では三分の二に十三票足りなかった。同年十一月の大統領選挙で、共和党リンカーンが五五パーセントの得票で圧勝再選されると、空気が変わる。戦況も北部連邦軍優勢がはっきりしてきた。一八六五年一月、リンカーンは大統領の権威を駆使して、民主党議員の説得にあたる。そして、一月三十一日、下院は賛成百十九、反対五十六の僅差で三分の二の賛成票を得て、修正案を採択した。リンカーン暗殺二か月半前であった。修正第一三条は、その年の十二月批准成立した。合衆国憲法はここで初めて「奴隷」の言葉を使った。

しかし、黒人指導者と共和党急進派は、この修正に不満であった。修正一三条の第二節は、連邦議会に法律によって奴隷禁止にともなう黒人の市民的権利を定める権限をあたえた。だが、制定法は時の動きと党派的勢力の交替によって廃止あるいは改悪される可能性があるし、大統領の拒否権もある。加えて、憲法の権利の章典が州政府の行為に対して適用されないとすると、各州が独自の法律によって黒人市民権を制限しても連邦政府の手は届かない。黒人指導者はなによりも憲法による投票権の保障を求めた。

実際、一八六五年四月南北戦争が終わって、六五年末から六六年にかけて、分離した南部諸州が連邦復帰のための州憲法改正をしたが、その過程でミシシッピ州をはじめ南部各州議会は〝ブラックコード〟といわれる解放黒人の市民生活を制約する法律を制定した。財産所有の制限、武器所有禁止、白人が対象の裁判における証言禁止、夜間通行に証明書携帯義務、集会禁止などなどだが、とくに「浮浪者法」は、働かない者は浮浪者で犯罪行為とみなして逮捕、強制的に低賃金の年間労働契約を元のプランテーションと結ばせ、毎年一月に雇用証明の提出を義務づける(ミシシッピの例)など、黒人の居住の自由、労働の自由、行動の自由を奪うものだった。

こうした状況下で、六四年十一月の選挙で議会多数を確保した共和党は、州権を制限してブラックコードを違憲とし、黒人の市民権を保障する新たな憲法修正に乗り出した。上下両院で六六年一月から始まった審議は、条文の表現をめぐり紆余曲折した。黒人投票権を保障する条項を入れるかどうかをめぐって対立したのである。北部民主党員のみならず、共和党員の中にも、教育を受けていない黒人は政治的権利を行使する資格はまだない、とするものがいた。保守派からは、黒人市民権の根拠としてすべての人間が平等というならば、女性はどうする、平等ではないのか、といったためにする牵制球がなげられた。

議論の末に、一八六六年六月に採択された修正第一四条は、画期的なものであった。五節から成るが、重要なのは第一節である。

「合衆国において出生し、または合衆国に帰化し、その管轄権に服するすべての人は、合衆国およびその居住する州の市民である。いかなる州も、合衆国市民の特権または免除特権を制約する法律を制定しまたは執行してはならない。いかなる州も、法の適正な手続きによらずに、何人からも、生命、自由、または財産を奪ってはならない。また、その管轄内にある何人に対しても、法の平等な保護（the equal protectin of the laws）を拒んではならない」

この条項が画期的である理由は、次の三点にある。

第一に、合衆国生まれは州の市民であると同時に合衆国市民であると定義され、出生地主義を明記、憲法は個々の市民の権利保障となった。この市民には当然解放された黒人を含む。奴隷輸入禁止以後、ほとんどの黒人は合衆国生まれである。これまで憲法上の市民の定義はあいまいであった。憲法は、合衆国市民でない者は大統領、連邦議会議員になれないと規定しているが、では市民とは誰かはっきり定義していない。選挙人つまり投票者の資格は州議会が定めるとしているように、アメリカ人はまず州の市民であって、誰が市民かは州が定め、合衆国の市民は二義的と考えられていた。

第二に、州に対してこの合衆国市民の「特権または免除特権（権利の章典を指す）を制限する法律」の制定・執行を禁じて、権利の章典が州の行為に適用されることを明示した。そして、「法の適正な手続き」が、同じ条文を含む修正第五条では連邦政府に適用されると考えられたものが、ここで「いかなる州も」と州政府の行為をも対象としたことで、州権を制約したのである。

第三に、もっとも重要なものは、すべての人に対する「法の平等な保護」である。この規定によって、連邦政府および州政府の特定のグループや人に対する差別的な法は憲法違反となる。これは、その後の黒人をはじめマイノリティの公民権運動の憲法的拠り所となっていく。この「法の平等の保護」あるいは「法の前の平等」は、第二次大戦後の民主主義憲法に必ずといっていいほど人権条項に組み込まれている。

この条文の生みの親はオハイオ州選出のジョン・ビンガム下院議員だった。一八五四年に当選した最初の共和党下院議員グループの一人で、当初から奴隷制反対であった。リンカーン暗殺犯を裁く軍事法廷の検察官を務めた。アメリカ市民の権利が州の恣意にゆだねられていることは憲法違反であるとの信念、憲法には「白人」という言葉は一切なく、この脱落は偶然ではなくアメリカの性格からくる意志的なものとの考えをもっていた。ビンガムは一八六六年二月に、「合衆国議会は各州に居住するすべての人にたいして、生命、自由または財産の権利の平等な保護を保障する、あらゆる立法を行う権限をもつ」という憲法修正案を下院に提出した。修正第一四条の原型である。だが、審議は延期され、事実上、ビンガム提案は無視された。その間、別個に「合衆国で出生したアフリカ系のすべての人は、アメリカ合衆国の市民である」と冒頭に宣言した公民権法案が審議され、上下両院を通過した。同法案は意見が対立する黒人投票権を規定しておらず、リンカーンのあとを継いだアンドリュウ・ジョンソン大統領は署名すると思われた。しかし、大統領は、黒人が合衆国市民であるという考えを受け入れず、法案拒否権を発動した。上下両院は、三分の二の多数で再可決し、拒否権を覆したが、この大統領の行為は議会の空気を一変させた。ビンガムは四月末、新たにのちに修正第一四条第一節となる条文を提出し、成立へとこぎつけたのである。ビンガムは一八七三年に議員を辞めた後、十二年間、駐日アメリカ公使を務めている。

ところで、この段階では、黒人の投票権の保障は明示されなかった。指摘したように、奴隷廃止に賛成であっても黒人には判断能力を欠くとその投票権には反対するものがいて、議会審議の過程でその条項は落とされたのである。それを明記すれば、修正第一四条の批准が得られないと危惧されたのであった。黒人指導者と改革急進派は大いに不満であった。

アイロニーもある。投票権の否定および制限に対する罰則を規定した第二節で、「年齢二一歳の合衆国市民であってその州に居住する男子に対して、かつ合衆国の市民であるものに対し……投票権を否定し……制限する場合は」（傍点筆者）と、憲法に初めて「男性選挙権」を明記したのである。それまで、女性参政権運動は奴隷廃止運動と協働したかたちで進められてきたので、女性運動家は裏切られたと憤りを隠さなかった。修正条項の審議のさなか、女性参政権運動の指導者エリザベス・スタントンは抗議の集会で「ワシントンのわれわれの代表たちは黒人の選挙権について議論しているが、かれらは連邦憲法に〝男性〟なる語を導入することによって、女性の市民権を否定している」と指摘し、これは「共和主義精神の侵犯であり、この国の女性に対する残酷な不正義である」と宣言した。

その後、修正第一五条（一八七〇年成立）で「合衆国市民の投票権は、合衆国またはいかなる州も、人種、皮膚の色、または従前の強制による苦役に服していたことを理由として、これを拒否しまたは制限してはならない」と、黒人の選挙権は保障されたが、「性別」は理由に入らず、女性差別は二十世紀に入るまで続く。

アンドリュウ・ジョンソン大統領は、白人のみによる南部再建を優先して修正第一四条に反対、それに乗じて南部諸州の暫定政府は、同修正は州権侵害、連邦政府に権限を与えすぎると反対し、修正案批准成立は微妙であった。修正第一四条への実質的な国民投票と目された六六年秋の中間選挙が批准を左右すると注目されたが、結果は上下両院とも共和党のそれも改革急進派の圧勝だった。共和党議会は、ジョンソン大統領から南部再建政策の主導権を奪い、暫定政府を解散させ南部に直接軍政を敷く。そして、修正第一四条の批准を連邦復帰への条件の一つとした。こうして、一八六八年七月、同修正条項は批准されたのであった。

いうまでもなく、修正第一四条の成立によって、人種差別や人種偏見が消え去ったわけではない。奴隷制度がアメリカ社会に遺した罪は深く、二十一世紀に入っても差別への不断の戦いは続いている。しかしながら、この修正第一四条はその戦いの大いなる武器となった。

また、権利の章典が自動的に州政府の行為に適用されるようになったわけでもない。訴訟中心主義であるアメリカの司法では、ある法に基づく行為が違憲であるとの訴訟を起こされなければ、その判断は下されない。また、連邦に委譲されていない権限は州に留保されているという州権と連邦権限との微妙な関係は、最高裁判所の判断に委ねられる。

南部の連邦復帰が進み、軍政が終わり、北部が南部再建の主導権を放棄したあと、一八八〇年代に入って、南部諸州は黒人投票権を制限あるいは事実上剥奪する州法、公立学校や公共乗り物、劇場などの公共の場における白人と黒人とを分離する法を次々と制定した。こうした法律は「法の平等な保護」あるいは権利の章典に違反するとの訴訟はときおり提起されたが、その判断は時の最高裁判所の解釈によって、前進と後退を繰り返していく。合衆国のシステム連邦制度においては、州と連邦との関係、その権力のバランスの解釈は、その時代の風によってしばしば揺れ動く。南北戦争後の産業資本主義の発展期には、最高裁は古典的な自由放任主義の政府不干渉の原則に忠実で、黒人の市民的自由権利の保護には消極的であって、州権尊重に傾斜していた。

一八九五年十月、ルイジアナ州の八分の一の黒人の血を持つホーマー・プレッシーが列車の白人専用車に乗り込んだ。外見は白人と変わらないのでとがめられなかったが、自ら黒人であると申し出て逮捕された。当時のルイジアナ州法は、州内で旅客を運送する鉄道会社は白人と黒人とに分離された客席を設けるか、あるいは別々の車両を連結することを義務づけ、何人も自らの属する人種に指定された以外の席に座ることを禁じた。ニューオリンズの刑事裁判所のファーグソン判事は、州法違反とプレッシーに有罪判決を下した。これに対し、プレッシーは、同法は修正第一四条がすべての市民に保障する「法の平等な保護」に違反するうえ、人種の違いを理由に黒人と白人を隔離するのは黒人蔑視であると、州判事ファーグソンを相手どり連邦最高裁に上告した。最高裁は一八九六年、八対一の多数で同州法は合憲と判断した。理由は、両人種に同等の施設が提供されていれば人種を区別して座席を指定する法を制定することは州の権限の妥当な行使である、というものだった。「分離すれども平等」という理屈である。

この有名な「プレッシー対ファーグソン事件」の判例は、長らく南部の差別の法的根拠となって、公立学校をはじめ公共利用施設における人種隔離という差別が正当化されたのである。この法の平等な保護の解釈は一九四〇年ごろから徐々に変わってくる。まず高等教育での人種分離が違憲とされた。そして決定的にプレッシー判例が破棄されるのは、一九五四年の公立学校での白黒分離教育は修正第一四条違反とした「ブラウン対トピーカ教育委員会」事件の最高裁判決であった。

カンザス州トピーカ市に住んでいた黒人少女リンダ・ブラウンは、州法による人種分離教育のため、すぐ近くに白人用小学校があるにもかかわらず、町はずれの黒人用小学校にバスで通学しなければならなかった。一九五一年二月、父親は市教育委員会を相手どり、人種が違うだけで別学を強制することは黒人に社会的心理的に劣等感を抱かせるものであり、黒人児童から法の平等な保護を奪うものであると、近くの白人小学校に入学をみとめるよう訴訟を起こした。下級審は、白人校と黒人校とで教育設備および内容はほぼ同じであると認定、「分離すれども平等」の判例を適用して訴えを却下した。上告を受けた連邦最高裁は、一九五四年五月、分離強制は黒人が社会的に劣等であるとみなしていることを意味し、黒人に劣等感を抱かせて勉学意欲をそぎ、教育の平等の機会を奪うものであるとの判断を九判事全員一致で下し、「分離すれども平等」は違憲としたのである。

この判決は、その後の海水浴場、バス、プール、公園、レストランなどあらゆる公共利用施設での人種分離が無効となるきっかけをつくり、一九六〇年代のキング牧師よる公民権運動によって、公共施設の分離差別が撤廃されていった。それでも黒人が平等の権利を獲得する道のりは決して平坦ではなく、公民権運動の過程で差別主義者たちの抵抗にあって、多くの黒人そして白人の血が流されてきた。

「法の平等な保護」に基づく違憲判決によって、社会的慣習を変えた例は多い。たとえば、異人種間婚姻禁止である。

ヴァジニア州には一九二四年制定の「人種保全法」があり、白人と有色人種間の婚姻を禁じた。ラヴィング夫妻は妻が黒人で夫は白人、二人は一九五八年にヴァジニアを避けて異人種間婚姻を禁止していない首都ワシントンで結婚、その後ヴァジニアに帰って暮らしていた。だが匿名の密告によって、警察に逮捕され、「人種保全法」違反で起訴された。一九五九年、州裁判所は一年の禁固刑を下したが、ヴァジニアを離れる条件で、二十五年間の執行猶予とした。夫妻は首都ワシントンに移り住んだが、ヴァジニアにいる親類や友人に会うための旅行もできず社会的疎外に苦しんだ。一九六四年、夫妻に代わって「アメリカ市民的自由連合(ACLU)」がヴァジニアの法律は修正第一四条の「法の平等な保護」に反すると州裁判所に判決の取り消しを求めた。これが州高裁、連邦高裁での審理を経て連邦最高裁に上告された。最高裁は、一九六七年六月、異人種婚姻禁止法は白人優越を永続化させるために制定されたものであるとし、修正第一四条違反と裁定した(ラヴィング対ヴァジニア事件)。

そのころにはまだ、おもに南部諸州で、同種の禁止法が維持されていたが、この最高裁判決によってすべて無効となった。その結果、異人種間婚姻の数は徐々に増えていく。またこの判例は同性間婚姻の権利をめぐる議論に援用されている。つまり憲法上、婚姻の権利は性に関係なく相手を選ぶ個人の自由を保護しているという議論である。

権利章典の表現の自由(修正第一条)についての判例で、憲法修正手続きと関連して注目すべき事件がある。国旗冒涜にかかわる表現の自由である。

二十世紀初めまでに、ほとんどの州はなんらかの国旗保護の法を制定していた。大別すれば、広告など営利目的での国旗の商業利用、あるいは政治利用など、不適切な利用を禁じたものと、公共の場での国旗の切断・汚辱あるいは言葉や行動による国旗侮辱を禁じたものである。そして多くの学校で愛国心の象徴として国旗を掲揚するようになった。ただし、連邦議会による連邦法としての国旗保護法の試みは実現しなかった。

一九六〇年代のヴェトナム戦争は、この国旗保護法にあらためて注目を集めることになった。反戦運動の高まりの中で、抗議のために国旗星条旗を燃やしたり切り裂いたりする行為がしばしばおこり、行為者の逮捕、起訴が続出した。これに対応して連邦議会は、一九六八年に初めて連邦国旗保護法を制定したが、国旗毀損をめぐる裁判はほとんど州法に基づいて行われた。

一九八四年の大統領選挙で、党の大統領候補を決める共和党全国大会がテキサス州ダラスで開かれたとき、当時の共和党レーガン政権の政策に抗議するデモに参加したグレゴリイ・ジョンソンは、市役所前の広場で広げた国旗に灯油をかけ火をつけて燃やした。テキサス州は州法違反としてジョンソンを逮捕起訴、州裁判所は有罪とし罰金二〇〇〇ドルと禁固一年の刑を科した。

しかし、同州最高裁判所は、異論の表示であるデモ行為の一つとしての国旗損傷を罰するのは、表現の自由を保障する修正第一条違反である、とこの判決を覆した。テキサス州当局は連邦最高裁に上告、最高裁は一九八九年六月、五対四の多数で「政府はそのメッセージと意見を異にするというだけの理由で、表現の行為を禁止することはできない」と述べ、テキサス州法はジョンソンの表現の自由を侵害していると、州最高裁判所の判定を確認した。その結果、当時四十七州にあった国旗保護州法と一九六八年の連邦法は、公共の場でのデモにおける国旗損傷行為には適用できなくなった。

この判決に対して、愛国的な市民層に後押しされて連邦議会は、国旗損傷行為の禁止を規定した憲法修正あるいは新たな連邦法制定を模索した。結局、議会は十月、新たに「一九八九国旗保護法」を制定、そこでは違憲判定を回避するため、行為者の動機やその行為の効果にかかわりなく、単に故意の物理的毀損のみを犯罪とする内容とした。しかし、同法施行と同時に抗議運動がおこり国旗焼却行為が頻発、同法違反で逮捕者がでて、再び訴訟争いとなった。最高裁は同法が合憲かどうかの審理を早め、一九九〇年六月、この新しい連邦法も行為者の意思表示を妨げるものと、違憲と判じた。これに対して、連邦議会は憲法修正に走るが、これについて次章で述べる。

修正第一四条を含む権利の章典は、アメリカ人の自由と権利、法の支配の要である。その適用解釈についての論争はあるとしても、権利の章典そのものが、修正されたことは一度もない。

アメリカ合衆国憲法の修正条項は現在(二〇一五年)までに二十七ある。このうち最初の十条は、前述の経緯からみて、原憲法と一体化したものといえるから、制定後の修正は十七条となる。

このうち人民の権利に関する修正条項は、前述の第一三、一四、一五条のほか、上院議員の直接選挙を定めた第一七条(一九一三年発効、以下同)、女性参政権の第一九条(一九二〇年)、投票権の要件としての人頭税廃止を決めた第二四条(一九六四年)、一八歳以上の市民の選挙権を定めた第二六条(一九七一年)の七か条である。これらは人民の権利の補強、追加であって、改変ではない。

残りの十条は、たとえば連邦議会の所得税賦課の権限を認めた第一六条(一八七〇年)、大統領の三選禁止の第二二条(一九五一年)のように、統治の権限や機能にかかわるもので、時代の変化とその要請に呼応した権力の構成の修正である。

また、連邦議会で採択されながら、憲法の規定する四分の三の州議会あるいは四分の三の州憲法批准会議の賛成を得られなかったものが六つあることを付記しておく。

第10章　結びにかえて——日本の改憲作業の危うさ

大胆な類比が許されるならば、南北戦争という暴力によって、合衆国人民が修正第一四条を勝ちとったとすれば、日本国民＝人民は、逆説的に、太平洋戦争という暴力によって基本的人権の保障を勝ちとった、といえるであろう。言い換えれば、暴力を媒介としなければ、多くの同胞の血を流さなければ、日米双方ともそれを勝ちとれなかった。日本国民は、第二次大戦前の帝国憲法下における徹底的な人権侵害、弾圧から、敗戦によって解放され、日本国憲法第三章に列挙された権利の保障を手中にしたのである。哀しいアイロニーである。それだけに、人権条項は護らなければならない。

日本国憲法の理念は、国民主権主義、平和主義、基本的人権主義とされる。そのうち、権力の危険性からの個人の自由と権利を保障するという近代立憲主義の観点からすれば、その中核は基本的人権の保障である。この権利の章典を前進させるのではなく、後退させる行為は、憲法そのものを破壊させる行為、いわば反革命というべきであろう。

「自主憲法」制定を党是とする自由民主党は、二〇一二年四月二十七日、日本国憲法改正草案を発表した。改憲論議の中で、焦点は第二章戦争の放棄の第九条改正に集まっている。自民党案は、第二章を安全保障と改題し、国防軍を設け、それは「国際的に協調して行われる活動および公の秩序を維持」するための活動を行うことができるとし、海外派兵を容易にし、また国内の治安維持出動を認めるなどの内容で、平和主義を逸脱する重大な改正案である。

他方、この九条論に没頭するあまりに見過ごされかねないのが、第三章の人権条項に関する自民党改正案の内容である。それは、一見、差し障りのないようにみえる文言の変更によって、近代立憲主義憲法の原理を覆そうとしているとしかいえない。この改正案がそのまま実現するとは想像できないが、なによりも改正案を貫くその背後にある自民党の思想に警鐘を鳴らさねばならない。

憲法第十二条は「この憲法が国民に保障する自由及び権利は、国民の不断の努力によって、これを保持しなければならない。又、国民は、これを濫用してはならないのであって、常に公共の福祉のために利用する責任を負う」となっている。ところが、自民党改正案では、濫用までは同じだが、それ以下は「自由及び権利には責任及び義務が伴うことを自覚し、常に公益及び公の秩序に反してはならない」(傍点筆者、以下同)とする。「公共の福祉」にかわって「公益および公の秩序」となり、「責任」だけでなく「義務」が加わった。

第十三条は「すべて国民は、個人として尊重される。生命、自由及び幸福の追求に対する国民の権利については、公共の福祉に反しない限り、その立法その他の国政の上で、最大限の尊重を必要とする」となっている。改正案では、「全て国民は、人として尊重される」とし、国民の権利については「公益及び公の秩序に反しない限り」とする。

「公益及び公の秩序」は、表現の自由を保証する第二十一条にも登場する。憲法第二十一条は「集会、結社及び言論、出版その他一切の表現の自由は、これを保障する」となっているが、改正案では「前項の規定にかかわらず、公益及び公の秩序を害することを目的とした活動を行い、並びにそれを目的として結社をすることは、認められない」との但し書きが付いた。

「公益」とか「公の秩序」とはいったい何を指すのだろうか。「公共の福祉」も曖昧ではあるが、この文言はそれよりももっと曖昧であり、国家あるいは政府つまり権力が恣意的に定義する余地が広い。表現の自由とは、本来的に権力批判、現状批判の自由であり、抵抗権を含むと理解される。前述のアメリカにおける国旗損傷の例にみられるように、体制批判のビラをまき、デモ行進における意思表示活動は、公の秩序を害するとみなされる恐れが十分ある。秩序を乱すという理由で表現の自由を制約することは、全体主義的体制のよくとる手段であることを想起したい。

「これを保障する」という表現にも違和感がある。日本国憲法の第十九条は「思想及び良心の自由は、これは侵してはならない」となっているが、改正案では「保障する」と変わった。憲法の権利の章典が国家権力の行為を縛るものであるなら、「侵してはならない」が適切な表現である。日本国憲法にも「信教の自由は……これを保障する」などの表現がみられるが、「保障」するのは憲法であって、権力ではない。なによりも、権力が「侵してはならない」のである。アメリカ合衆国憲法はもとより、イタリア共和国憲法、ドイツの憲法である基本法でも、人民の権利の条項では、大部分が「権利を有する」「侵してはならない」「してはならない」という表現になっている。(樋口陽一・吉田善明編『世界憲法集』第四版　三省堂　参照)

自民党改正案は、憲法第九十七条を全文削除した。同条は「この憲法が日本国民に保障する基本的人権は、人類多年にわたる自由獲得の努力の成果であって、これらの権利は、過去幾多の試練に堪へ、現在及び将来の国民に対し、侵すことのできない永久の権利として信託されたものである」と宣言している。なぜ、これを削除したのだろか。

さらに、第九十九条の「天皇又は摂政及び国務大臣、国会議員、裁判官その他の公務員は、この憲法を尊重し擁護する義務を負う」とあるのを、改正案は百二条としてつぎのように変えた。すなわち「全て国民は、この憲法を尊重しなければならない。国会議員、国務大臣、裁判官その他の公務員は、この憲法を擁護する義務を負う」である。公務員は「尊重」しなくていいのか。尊重すべきは権力を信託された公務員ではないか。なぜ天皇と摂政が抜けたのか。こうした疑問は、言葉尻をとらえた批判ではない。九十七条の削除と九十九条の改変は、敗戦によって獲得した権利の章典を後退させ、個人よりも国家という抽象体を前面に出す思想、まるで基本的人権は国家が与え国家が守ってあげるというがごとく、戦前の国家中心の思想を露わにしているのである。

このことは、すべて書き換えた前文が物語っている。現憲法前文は「日本国民は」で始まり、文中の主語は日本国民である。国民主権を宣言し、国政の権威は国民に由来することは人類普遍の原理としている。そして「われわれ、平和を維持し、専制と隷従、圧迫と偏狭を地上から永遠に除去しようと努めている国際社会において、名誉ある地位をしめたいと思う……」と、その理念を掲げている。これに対して、自民党改正案前文は「日本国は」で始まる。全体の流れは、日本国民が従となっている。国家という語が三回使われている。そして、「日本国民は、郷土に誇りと気概を持って自ら守り、基本的人権を尊重するとともに、和を尊び、家族や社会全体が互いに助け合って国家を形成する」と、異論排除や少数者無視を含意する「和を尊び」とか、個人の良心という内面に手を突っ込むような「国を愛する」「良き伝統」の継承といった文言が並んでいる。

個人の自由と権利という近代立憲主義の普遍的価値に対する自民党改正案の反動的思想を批判してきたが、自民党案に限らず今後進むであろう国会の改憲作業において、格別に注意すべきことが、いくつかある。

第一は、徹底した熟慮の必要と、党議拘束の解除である。アメリカ合衆国憲法制定の議論にみられたように、討議を重ねるうちに意見を変える自由の余地を残すべきである。憲法改正という重大な作業では、それが党の案だからと盲目的に支持する党派的な数による決定ではなく、議員個人の良心に基づく決定でなければならない。代議制民主政治の陥りやすい欠点である多数の専制は、避けなくてはならない。

このことは第二点、改正手続きと関連する。憲法は「各議院の総議員の三分の二以上の賛成で、国会が、これを発議し、国民に提案してその承認を経なければならない。その承認には、特別の国民投票又は国会の定める選挙の際行われる投票において、その過半数の賛成を必要とする」（第九十六条）と規定している。

ところが、自民党案では「衆議院又は参議院の議員の発議により、両議院のそれぞれの総議員の過半数の賛成で国会が議決し、国民に提案してその承認を得なければならない。この承認には、法律の定めるところにより行われる国民の投票において有効投票の過半数の賛成を必要とする」（改正案第百条）としている。議決の票数を三分の二から過半数に、国民投票の過半数の意味を有効投票の過半数に変え、改正のハードルをぐっと低くした。自案が通りやすいように、試合の途中でルールを変えようとするものである。自民党は、日本国憲法の改正手続きは「世界一厳しい」といっているが、それは真っ赤なウソ、この言葉が悪ければ、それはまったくの認識違いである。

自民党は第二次安部内閣発足後（二〇一二年十二月）、「改正に反対する国会議員が三分の一を超えれば、国民は憲法に指一本触れることができない。ハードルが高すぎる」（二〇一三年四月、参院山口県補選での安部首相）と、九十六条改正先行を打ち出した。その後世論の批判を浴びて撤回はしたが、その考え方は変わらない。

憲法改正あるいは修正の手続きを「硬性」にするかどうかは、国それぞれの憲法観、政治制度、制定時の歴史的状況によって異なるが、民主主義国では改正に三分の二とか四分の三という賛成票を規定する硬性憲法が主流である。
たとえば、大韓民国憲法(一九八七年)は、改正発議は、国会在籍議員の過半数又は大統領にあるが(一二八条)、改正案は在籍議員の三分の二以上の賛成が必要で、国民投票に付し、有権者の過半数の投票と投票者の過半数の賛成が必要(一三〇条)としている。

フランス第五共和国憲法(一九五八年)はどうか。発議は、首相の提案に基づいて共和国大統領と国会議員の両方にあって、改正は人民投票によって承認されねばならない。ただし、政府提案の改正案は、大統領が両院合同会議として召集される国会に付託すると決定したときは、改正案は有効投票の五分の三の賛成がなければ承認されない(八九条)

改正が頻繁に行われてきたドイツ連邦共和国基本法(一九四九)は、基本法を変更または補充する法律は、連邦議会議員の三分の二および連邦参議院の票決数の三分の二の同意を必要としている(七九条)。ドイツで五〇回以上も改正されてきたのは、自民党が示唆するような改正手続きが容易だからではなく、東西ドイツの分裂という状況下で制定された基本法の暫定的性格、その後のドイツ統一、北大西洋条約機構(NATO)加盟、ヨーロッパ連合(EU)の発足などに際して、それに適応すべく改正を必要としたからである。

では、アメリカ合衆国憲法はどうか。第五条で、憲法修正手続きを規定しているが、重要なので全文を掲げる(末尾の但し書きは省略)。

「合衆国議会は、両議院の三分の二が必要と認めるときは、この憲法に対する修正を発議しなければならない。また全州の三分の二の州議会の請求あるときは、修正発議のための憲法会議を招集しなければならない。いずれの場合でも、修正は、全州の四分の三の州議会によって承認されるか、または四分の三の州における州憲法会議によって承認されるときは、あらゆる意味において完全に、この憲法の一部として効力を生じる。右の二つの承認方法のいずれによるかは、連邦議会が提議するところによる」

ここには国民投票の規定はないが、州議会あるいは州憲法会議の承認＝批准がそれに代わるものといえる。

こうみてくると、それこそ最も厳しい修正ないし改正要件を課しているのは、合衆国憲法であろう。なぜ厳しくしたのか、党派的利害によって安易に憲法を変えうることで、統治の安定性を揺るがす懸念があったからである。それでも憲法制定以来二百二十年余で、最初の権利の章典十条を除いて、十七の修正がなされている。アメリカで、一党が議会両院で同時に三分の二の議席を占めた例は、きわめて稀である。南北戦争後の南部再建期における共和党(一八六一〜六二、一八六五〜七〇、一八七三〜七四)と、二十世紀にはいって、民主党のフランクリン・D．ローズヴェルト大統領のニューディール期(一九三五～三八)およびリンドン・B・ジョンソン大統領の初期(一九六三～六六)にすぎない。それでも。厳しい修正手続きを経て憲法修正が実現したのは、その修正に党派を超えた支持、それだけ国民の支持があったからである。

ここで先述の国旗損傷にかかわるアメリカの憲法修正の動きに言及したい。連邦最高裁が表現の自由としての国旗焼却行為を犯罪とした州および連邦の法を違憲と判旨したあと、連邦議会は再三、憲法修正による国旗損傷を禁じようと試みた。修正案の条文は「連邦議会及び各州はアメリカ国旗の物理的損傷を禁止する権限を有する」というもので、議会の立法を合憲とする狙いである。二回目の違憲判決のあとの一九九〇年、この修正条項案を票決に付したが、下院は賛成二百五十四反対百七十七、上院は賛成五十八反対四十二で、いずれも必要とされる三分の二の賛成を得られなかった。一九九四年の中間選挙で下院議席を大幅に増やした共和党は、翌九五年に修正案を再び取り上げた。このとき下院は賛成三百十二反対百二十で三分の二をクリアしたが、上院は賛成六十三反対三十七で三分の二に達せず廃案となった。さらに二〇〇五年、下院は賛成二百八十六反対百三十で再び三分の二の賛成多数を得たが、上院は翌年の票決で賛成六十六反対三十四と三分の二に一票不足、修正発議は成立しなかった。

賛成者は、国家統合のシンボルである国旗を護るためと国民感情に訴えた。反対者は、この憲法修正は権利の章典を改鼠するものであり、そのような試みは史上初めてであると非難した。それに、ヴェトナム戦争が終わった七〇年代後半以降、国旗焼却行為はまれであった。

そのころの世論調査では、調査によってはこの憲法修正に反対あるいは賛成が多かったりとまちまちで、この件の世論は安定していない。世論の賛成がいちばん多かったのはジョンソン事件の直後であった。そして、国旗保護の憲法修正案は共和党多数つまり保守勢力の強いときに提起されるという政治性を帯びている。三分の二の賛成という修正要件は、一時的な世論の熱狂や党派的多数の恣意の歯止めとなっているのである。

さて、国民投票を規定している憲法の例として、大韓民国憲法に注目したい。前述したように、改正案は国会が議決したのち、三十日以内に国民投票に付し、国会議員選挙権者の過半数の投票と投票者の過半数の賛成をえなければならない、となっている(一三八条)。ここでは、最低限、有権者の二五パーセントの賛成を求めている。自民党案の投票率にかかわりなく単純な有効投票の過半数という要件とは雲泥の差がある。

フランスの場合は、少々複雑である。一九五八年の第五共和国憲法は、改正手続きとして、「改正は、人民投票によって承認」されねばならないとする。二〇〇〇年六月、それまで大統領任期は七年だったが、議会議員の五年任期と合わせるため大統領任期を五年に短縮する憲法改正案を当時のシラク大統領が国会に提出、国民議会と元老院がそれぞれ承認したあと、大統領は人民投票にかけることを決定した。第八十九条の人民投票による改正はこれが初めての試みだった。九月二十四日の人民投票では、有効投票の七三・二パーセントの賛成で承認されたが、問題が残った。投票率はわずか三〇・二パーセント、さらに無効票・白票が一六パーセントあり、賛成投票は有権者のわずか一八・五パーセントにすぎなかったのである（同『世界憲法集』辻村みよ子解説）。人民＝国民投票の有効投票の単純過半数による決定が、果たして民主的決定といえるか、その正統性に疑問が生じたのである。

日本国憲法が規定する国民投票の「過半数の賛成」の過半数の中身、その母数は韓国憲法のようには定められていない。二〇〇七年に成立、二〇一四年に一部改正された国民投票法（日本国憲法の改正手続きに関する法律）は、白票やその他の無効票を除いた有効投票の二分の一の賛成で改正は承認されると規定した。自民党改正案の第百条が生かされたのである。

権力の危険性に歯止めを設ける立憲主義からみて、この安易な「過半数」によって軽々しく憲法が改正されてよいものなのだろうか。フランスの例は他山の石である。それもフランスの場合のように、人民投票の対象が行政組織改編の改正ならばまだ許容できるかもしれない。それが国民の権利と自由にかかわるとき、この「過半数」では、いとも簡単に権利の制限縮小を招く恐れが十二分にある。

国民投票の最低投票率設定は矛盾を生むとの反論がある。たとえば最低投票率を四〇パーセントとした場合、四〇パーセントが投票して賛成票が六〇パーセントならば、全有権者の二六パーセントが賛成したことになり、改正は承認される。投票率が三五パーセントでその八〇パーセントが賛成したら、全有権者の二八パーセントが賛成したことになり、前者より賛成が多いにもかかわらず最低投票率を割ったため改正は成立しないといった指摘である。

数字上はありうることだが、最低投票率設定の目的は、直接民主制としての国民投票への関心をたかめ、民主的決定の正統性を確保するためである。憲法改正という重大事に、もし投票率が三〇《パーセント》前後で、賛成が全有権者の二〇《パーセント》前後で改正成立となれば、その正統性に疑義が生じる。また、現実的に、低投票率であれば自陣営の動員力が決め手となることは、議員選挙と同じ構図であって、世界共通の経験である。

国民投票法の国会審議でこの問題は解決済みだというが、決してそうではあるまい。あえていうなら、投票年齢を一八歳に引き下げることよりも、このルーズな改憲手続きこそもっと議論し、国民投票法を変えていかなければならないのではないだろうか。

与党の自民・公明が衆議院で三分の二の議席を占める国会(二〇一五年現在)で、憲法改正の作業が徐々に進められている。国民の支持を得られないとみて九条改正は一応棚上げにして、解釈改憲による集団的自衛権行使を容認する作為に走るなど、自民改正案の内容が一気に実現するとは考えられないが、深刻な問題は改正案の反立憲主義的な、国家主義的な思想であり、また多数を嵩にきた改憲作業である。日本の伝統とか、日本の文化とか、素朴なナショナリズムをくすぐるスローガンで普遍的な価値をないがしろにする思想を堰き止めねばなるまい。

ところで「改正」と「改憲」は同義だろうか。憲法改正を略せば「改憲」となるというメディアの用法に準じて、筆者も便宜上、互換的に使用してきた。だが、考えてみると、これは厳しく区別すべきではないだろうか。「改正」、それはその憲法のよって立つ精神を守りつつ、不備を補いあるいは時代の変化に応じて補強する作業である。日本国憲法でいうならば、参議院のあり方とか、選挙制度に関する憲法的規定とかは、改正の対象となりうる。一方、日本国憲法の精神を奪胎するような行為は、「改憲」であろう。国家中心主義の思想に立ち、基本的人権を制限することを厭わない自民党改正案は、正しくは「改憲」案である。改正と改憲とを同義互換的に使用することで、憲法の精神を変える「改憲」を容易にあるいはなしくずしに行なうたくらみに与してはなるまい。

文献について

憲法制定会議の討論の内容、展開は、Max Farrand, ed., *The Records of the Federal Convention of 1787: VI-V4* (Rev. ed., Yale University Press, 1937) に拠った。

最初に述べたように、この会議は秘密会であった。公式の記録として残されたものは、提出された動議の内容とその票決結果といった至極簡単なのもで、討論の詳細は記録されていない。さいわいなことに、ジェイムズ・マディソンが討議の克明なノートを残していた。マディソンは、生前の公開を断り、死去四年後の一八四〇年に *The Papers of James Madison* として初めて公開された。ファーランドによると、マディソンは生前に書いたこの文書の前文で、「代議員の意見を聞きやすいように、議長の前の中央の席を選んで座った。そこで略語を交えて記録をとり、……それをもとに日々の記録を書きだすことができた」と述べている。

この唯一の会議記録を、そのほかの会議出席者が残したメモも参照して、歴史家マックス・ファーランドが編集編纂したのが、この四巻本の *The Records* である。四か月近い討論であるから、かなり長い。そこから、筆者の判断で、重要だと思われる部分を再現構成したのが本書である。マディソンの記録は、多少の例外を除いて、間接話法で記述されている。したがって、討議の雰囲気を出すために会話体にしたのは、筆者の「編集」である。またこの長い記録からどの部分を取り上げるかも、筆者の独断である。この「編集」作業が適切であったことを願うのみである。

このほか次の文献を参考にした。

ハミルトン・ジェイ・マディソン著、斉藤眞・武則忠見訳『ザ・フェデラリスト』(福村出版　一九九一年)

これは全八五編の全訳。このほかに、「政治の古典としてよく引用、引照され」「現代政治理解にも示唆を与えるとおもわれる」三一編を訳出したものに、斉藤眞・中野勝郎訳『フェデラリスト』(岩波文庫　一九九九年)がある。

千葉眞『「未完の革命」としての平和憲法――立憲主義思想史から考える』(岩波書店　二〇〇九年)

斉藤眞『アメリカ革命研究――自由と統合』(東京大学出版会　一九九二年)

メリル・ジェンセン著、斉藤眞訳『アメリカ憲法の制定』(南雲堂　一九七六年)

Bailyn, Bernard, *The Ideological Origins of the American Revolution,* Enlarged Edition. Harvard University Press, 1992.

Epps, Carrett, *Democracy Reborn: The Fourteenth Amendment and the Fight for Equal Rights in Post-Civil War America.* Henry Holt and Company, 2006.

Smith, Page, T*he Constitution: Documentary and Narrative History*. Morrow Quill Paperbacks, 1980

Storing, Herbart J., *What the Anti-Federalists Were For*. University of Chicago Press, 1981.

Wood, Gordon S., *The Creation of the American Republic 1776-1787.* Norton, 1972.

あとがき

随分と前のことだが、リチャード・ニクソン第三七代米大統領を辞任（一九七四年八月）に追い込んだウォーターゲイト事件を思い出す。

一九七二年の大統領選挙戦の最中、首都ワシントンのウォーターゲイト地区にあった民主党本部に深夜、盗聴器を持った五人組が忍び込み現場で逮捕された事件で、捜査が進むにつれてこの忍び込みには大統領とその補佐官が関わっていたことが判明、それを隠蔽しようと捜査を妨害、そのためにＣＩＡ（中央諜報局）を違法に利用したことが明らかになった。大統領のこの司法妨害と権力乱用は弾劾の対象となる「重大な罪過」であると、議会下院司法委員会は一九七四年七月、弾劾決議の審議を進めた。当時、新聞の特派員としてアメリカにいた私は、その模様をつぶさに見聞した。

大統領弾劾は滅多にあってはならないことだし、党派性を伴うのは不可避だった。当時の世論も賛否相半ばしていた状況で、その審議は重苦しいものであった。そのとき、最も強く印象付けられたことは、本来ニクソン支持者である保守的な南部出身の民主、共和両党議員たちの、「大統領弾劾など悪夢をみているような思いだが」と苦渋の表情を浮かべながらの、発言であった。曰く「巨大化する政府が人民の自由を侵害している。人民のための人民によって設けられた制度は、一人の人間や一グループの政治的利益のためにつくられたのではない」「人民が依然として米国を統治しているのだろうか」「一連の悪事を容認するほど、われわれは道徳的に破産しているのだろうか。われわれは、この国を憲法の上につくりあげたのである」「権力の乱用こそ、圧制の本質である」「忍び込みによって生じたさまざまな疑問はアメリカ民主主義の根幹に関わるものである」と、憲法擁護のために弾劾賛成を表明したのである。教科書的といってもいいこうした発言は、「政府が人民に権利を与えたのではなく、人民が政府にほんのちょっと権利を与えたのがアメリカだ」という一アメリカ史家の言葉に示される立憲主義感覚の発露と言えよう。弾劾訴追必至となって、ニクソン大統領は、建国以来任期途中で辞任した、初めての大統領となった。

アメリカで、憲法の条文解釈には対立、それもイデオロギー的な解釈の対立が常にある。たとえば、死刑は残酷で異常な刑罰かどうか(修正第七条)、公立学校でのキリスト教の組織的な祈りは、国教樹立に通ずるのかあるいは自由な宗教活動なのか(修正第一条)などなどである。しかし、それは立憲主義という「コンセンサス内での」対立なのである。

日本で、「新憲法感覚」という言葉があった。現在はほとんど使われないが、それは憲法が定着してもはや「新」ではない憲法感覚、すなわち立憲主義感覚と言い換えていい。安保法制の審議ぶりに抗議して、国会前に日毎自発的に集まったデモは、この立憲主義感覚の具体的な表現ではないだろうか。

代議制民主政治は多数決が原則であることは否定できない。しかし、それに至る過程が、合意形成の過程が民主政にはきわめて大事なのであって、安倍政権下の国会審議をみていると、「多数の専制」という言葉がどうしても思い浮かぶ。司法や立法を行政に従属させようとする立憲主義否定の行為は、是非とも食い止めねばならないとの思いで筆を進めた。

この趣旨に賛同して、出版をこころよく引き受け編集の労をとっていただいた彩流社の竹内淳夫さんに、心から感謝したい。

日本国憲法公布の日、十一月三日を前に

近藤　健

付録　アメリカ合衆国憲法

われわれ合衆国人民は、より完全な連邦(a more perfect Union)を形成し、正義を樹立し国内の平穏を保障し、共同の防衛に備え、全体の福祉を増進し、われわれ自身とわれわれの子孫のために自由の祝福を確保する目的をもって、ここにアメリカ合衆国のためにこの憲法を制定し、これを確立する。

第一条(合衆国議会＝連邦議会)

第一節　この憲法によって付与される立法権は、すべて合衆国議会(Congress of the United States)に属する。同議会は、上院(Senate)および下院(House of Representatives)で構成される。

第二節　①　下院は、各州の人民が二年ごとに選出する議員で組織される。各州における下院議員の選挙人は、その州議会を構成する議院のうち、議員数の多いほうの一院の選挙人の資格要件を備えていなければならない。

② 何人も、年齢満二五年に達しない者、合衆国市民となって七年に満たない者、また選挙されたときにその選出された州の住民でない者は、下院議員になることはできない。

③ 下院議員の数および直接税は、この連邦に加入する各州の人口に比例して配分される。各州の人口とは、納税義務のないインディアンを除いて、一定期間労務に服するもの者を含む自由人の総数に、自由人以外のすべての人数の五分の三を加えたものとする(註　修正第一三、一四条で改正)。実際の人口の算出は、合衆国議会が最初に開会するときから三年以内に行い、その後は十年ごとに、議会が法律によって定める方法で行うものとする。下院議員の数は、人口三万人に対して一人の割合を超えてはならない。ただし、各州は少なくとも一人の下院議員をもつものとする。上述の人口算出がおこなわれるまでは、ニューハンプシャー州は三人、マサチュセッツ州は八人、ロードアイランドおよびプロヴィデンス・プランテーション州は一人、コネティカット州は五人、ニューヨーク州は六人、ニュージャージー州は四人、ペンシルヴェニア州は八人、デラウエア州は一人、メリーランド州は六人、ヴァジニア州は十人、ノースカロライナ州は五人、サウスカロライナ州は五人、ジョージア州は三人の議員を選出することができるものとする。

④ いずれの州においても、その選出した下院議員に欠員が生じたときは、その州の執行部は、

欠員を補充する選挙の命令を発しなければならない。

⑤　下院は、その議長（Speaker）その他の役員を選任する。下院はまた弾劾（impeachment）訴追の権限を専有する。

第三節　①　合衆国上院は、各州から二人ずつ選出される上院議員で組織される。上院議員は、各州の州議会で選出され、その任期は六年とする。各上院議員は、一票の投票権を有する。（註　選出方法は修正第一七条一項で改正）

②　第一回の選挙の結果にもとづいて上院議員が召集されたときは、直ちに、これをできる限り同数となるように三組に分ける。二年ごとに上院議員の三分の一が改選されるようにするため、第一組に属する上院議員は二年目の終了のときに、第二組に属する上院議員は四年目の終了のときに、第三組に属する上院議員は六年目の終了のときに、それぞれその議席を失うものとする。議員の三分の一を二年ごとに改選するためである。いずれの州であれ、州議会が開会されていない間に、辞職その他の理由によって欠員が生じた場合には、その州の執行部は、次の州議会が開会され補充を行うまでの間、臨時に上院議員を任命することができる（註　この任命方法は修正一七条二項で改正）。

③　何人も、年齢満三〇年に達しない者、合衆国市民となって九年に満たないもの者、または選挙のときにその選出された州の住民でない者は、上院議員になることはできない。

④　合衆国副大統領は、上院の議長（President）となる。ただし、可否同数のときを除き、投票に

加わらない。
⑤　上院は、議長以外の役員を選任する。また副大統領が不在の場合、あるいは副大統領が合衆国大統領の職務を行う場合には、仮議長(President pro tempore)を選任する。
⑥　上院はすべての弾劾事件を裁判する権限を専有する。この目的のために開会される場合には、議員は宣誓あるいは確約をすることを必要とする。合衆国大統領が裁判される場合には、最高裁判所主席判事を議長とする。何人も、出席議員の三分の二の同意がなければ、有罪の判決を受けることがない。
⑦　弾劾事件の判決は、公職を免職し、また合衆国の名誉職、信任または俸給をともなう合衆国の公職に就任し在職する資格を剥奪することを超えてはならない。ただし、このように弾劾の裁判において有罪の判決を受けた者でも、法律に従って訴追され、裁判、判決を受け、刑罰に服することを免れない。
第四節　①　上院議員および下院議員の選挙を行う時期、場所および方法は、各州において州議会の定めるところに従う。しかし、上院議員の選挙を行う場所に関する定めを除き、合衆国議会は、いつでも法律によってその規則を制定もしくは変更することができる。
②　合衆国議会は、少なくとも毎年一回集会することを要する。この開会の時期は、議会が法律によって異なる日を定めない限り、十二月の第一月曜日とする(註　この日付は修正第二〇条で改正)

第五節　①　各議院は、その議員の選挙、選挙の結果および資格に関して判定者となる。各議院は、その議員の過半数をもって、議事を行うために必要な定足数とする。ただし、定足数に満たないときは、その日毎に休会とし、また各議院の定める方法と制裁によって欠席議員に対して出席を強制することができる。

②　各議院は、それぞれ議事規則を定め、院内の秩序をみだした議員を懲罰し、また三分の二の同意によって、議員を除名することができる。

③　各議院は、それぞれ議事録を作成保存し、秘密を要するものと各議院が判断する部分を除くほかは、随時これを公表しなければならない。各議院の議員の賛否表明は、出席議員の五分の一の要求があるときは、議題のいかんにかかわらず、これを議事録に記載しなければならない。

④　合衆国議会の会期中、いずれの議院も他の議院の同意がなければ、三日を超えて休会し、またはその議場を各議院の開会中の場所からその他に移してはならない。

第六節　①　上院議員および下院議員は、法律の定めるところによって、合衆国国庫から、その職務に対する報酬を受ける。両議院の議員は、反逆罪、重罪および平穏を乱す罪によるほか、いかなる場合にも、会期中の議院に出席しているときおよびその往復の途上において逮捕されない特権を有する。また、議院内における発言または討論について、院外において法的責任を問われない。

②　上院議員および下院議員は、その在任期間中に、新設され、あるいはその報酬が増額された

合衆国の文官職に任命されることができない。また何人といえども、合衆国の公職にある者は、その在任中にいずれの議院の議員となることはできない。

第七節 ① 歳入の徴収に関するすべての法律案は、まず下院において先に審議されなければならない。ただし、上院は、その他の法律案の場合と同じく、これに対する修正を提案し、もしくは修正を付して同意することができる。

② 下院および上院で可決されたすべての法律案は、法律となるに先立ち、合衆国大統領に送付されなければならない。大統領が法律案を承認するときは、これに署名する。承認しないときは、これに拒否理由をそえて、これを発議した議院に還付する。その議院は、その拒否理由のすべてを議事録に記録し、法律案を再議に付する。再議の結果、その議院が三分の二の多数をもって、その法律案を可決したときは、法律案は大統領の拒否理由書とともに他の議院に送付され、他の議院でも同様に再議に付される。そして再び三分の二の多数をもって可決された場合には、その法律案は法律となる。これらの場合にはすべて、両議院における表決は、指名による賛否の表明によってなされ、法律案に賛成した者および反対した者の氏名は、それぞれの議院の議事録に記載されるものとする。もし大統領が法律案の送付を受けてから十日以内(日曜日を除く)にこれを還付しないときは、その法律案は大統領が署名したときと同様に法律となる。ただし、合衆国議会が閉会のため、法律案を還付することができない場合は、法律とならない。

③　上院および下院の同意を必要とする命令、決議または表決（休会の決議を除く）は、すべて合衆国大統領に送付される。その効力を生ずるためには、大統領の承認を要する。大統領が承認しないときは、法律案の場合について定められ規則および制限に従って、上院および下院の三分の二の多数によって再び可決されなければならない。

第八節　①　合衆国議会は、次の権限を有する。合衆国の債務の支払い、共同の防衛および全体の福祉の目的のために、租税、関税、輸入税、消費税を賦課徴収する権限。ただし関税、輸入税、消費税は、すべて合衆国を通じて均一でなければならない。

②　合衆国の信用において金銭を借り入れる権限。

③　諸外国との通商、各州間の通商、ならびにインディアン諸部族との間の通商を規制する権限。

④　合衆国全体を通じて統一された帰化に関する規則、および統一された破産に関する法律を制定する権限。

⑤　貨幣を鋳造し、その価格および外国貨幣の価格を規律し、また度量衡の標準を定める権限。

⑥　合衆国の証券および現行通貨の偽造に関する罰則を定める権限。

⑦　郵便局を設置し、郵便道路を建設する権限。

⑧　学術および有益な技芸の進歩を促進するために、著作者および発明者に対し、一定の期間それぞれの著作および発明に関する独占的権利を保障する権限。

⑨　最高裁判所の下に、下級裁判所を組織する権限。

⑩　公海上で犯された海賊行為およびその他の重罪、ならびに国際法に違反する犯罪を定義し、処罰する権限。

⑪　戦争を宣言し、捕獲免許状を付与する権限、陸上および海上における捕獲に関する規則を定める権限。

⑫　陸軍を徴募し、これを財政的に維持する権限。ただし、この目的のための歳出予算は、二年を超える期間に及ぶことはできない。

⑬　海軍を建設し、これを維持する権限。

⑭　陸海軍の統制および規律に関する規則を定める権限。

⑮　連邦の法律の執行し、反乱の鎮圧ならびに侵略の撃退の目的のために、民兵の召集に関する規定を設ける権限。

⑯　民兵の編制、装備および規律について規定し、また民兵のうち合衆国の軍務に服すべきものに対する統制を規定する権限。ただし、民兵の士官の任命および合衆国議会の規定する軍律にしたがって民兵を訓練する権限は、各州に保留される。

⑰　特定の州が譲渡し、合衆国議会が受領することにより合衆国の政府の所在地となる地区（ただし一〇マイル平方を超えてはならない）に対して、あらゆる事項に関しても専属的な立法権を行使する権限。要塞、武器庫、造兵廠、造船所、その他必要な建造物の建設のために、関係する州の議会の同意を得て購入した土地のすべてに対して、同様の権利を行使する権限。（註

この地区が現在のコロンビア特別区 District of Columbia ＝首都ワシントン）

⑱ 以上の諸権限、およびこの憲法により合衆国政府またはその部門もしくはその公務員に与えられた他の一切の権限を行使するために、必要かつ適切な（proper and necessary）すべての法律を制定する権限。

第九節 ① 合衆国議会は、一八〇八年以前において、現存する諸州が受け入れを適当と認める人びとの移住および輸入を禁止してはならない。ただし、その輸入に対しては、一人につき一〇ドルを超えない租税または関税を課することができる。

② 人身保護令状（writ of habeas corpus）の特権は、反乱あるいは侵略に際し公共の安全にもとづく必要とされる場合のほか、停止してはならない。

③ 私権剥奪法（bill of attainder）または遡及処罰法（ex post facto law）は制定してはならない。

④ 人頭税その他の直接税は、先に規定された（第二節③）人口調査あるいは算出にもとづく割合によるのでなければ、賦課することができない。（註 修正一六条により改正）

⑤ 各州から輸出される物品には、租税または関税を賦課してはならない。

⑥ 通商あるいは収税の規則よって、一州の港湾に対して他州の港湾にくらべて有利な条件を与えてはならない。またある一州に出入りすることを目的とする船舶に対して、他州において入港、出港手続、関税の支払いを強制してはならない。

⑦ 国庫からの支出はすべて、法律で作成される歳出予算にしたがってのみ行われる。一切の公

金の収支に関する正式の報告および決算は、随時公表しなければならない。
⑧　合衆国は貴族の称号を授与しない。合衆国政府の下に報酬もしくは信託を受ける公職にある者は、合衆国議会の同意なしに、いかなる国王、君公もしくは外国から、いかなる贈与、俸給、官職もしくは称号を受けてはならない。

第十節　①　いかなる州も、条約、同盟もしくは連合を締結し、捕獲免許状を付与し、貨幣を鋳造し、信用証券を発行し、金銀貨幣以外のものをもって債務弁済の法定手段とし、私権剥奪法、遡及処罰法もしくは契約上の債権債務関係を損なうような法律を制定し、あるいはいかなる貴族の称号を与えてはならない。
②　いかなる州も、その物品検査法執行のために絶対に必要な場合をのぞき、合衆国議会の同意なしに、輸入品または輸出品に対し、輸入税または関税を賦課してはならない。州によって輸出入品に賦課された輸入税および関税の純収入は、合衆国国庫の用途に当てられる。この種の各州法律はすべて、合衆国議会による修正および規制に服する。
③　いかなる州も、合衆国議会の同意なしに、トン税を賦課し、平時において軍隊あるいは軍艦を保有し、他の州もしくは外国と協約もしくは協定を結んではならない。また、現実の侵略を受けるか、猶予できない急迫の危険がある場合でない限り、合衆国議会の同意なしに、戦争行為をしてはならない。

第二条（合衆国大統領）

第一節　①　行政権は、アメリカ合衆国大統領に属する。大統領の任期は四年とし、同一期で選出される副大統領とともに、次に定めるような方法で選挙される。

②　各州はその州議会の定める方法により、その州から合衆国議会に送りうる上院議員および下院議員の総数と同数の選挙人(electors)を選任する。ただし、両院の議員、あるいは合衆国政府の下に報酬もしくは信託を受ける公職にある者は、選挙人に選任されることができない。

③　大統領選挙人はそれぞれの州に会合し、秘密投票によって二名を選挙する。そのうちの少なくとも一名は、選挙人と同一州の住民であってはならない。選挙人は票を得たすべて者および各々の得票数の一覧表を作り、これに署名し認証したうえ封印を施して、上院議長にあてて、合衆国政府の所在地に送付しなければならない。上院議長は、上院議員および下院議員の立会いの下で、すべての認証書を開封したのち投票を計算する。最多数の得票が、選任された選挙人の総数の過半数であるときは、その最多数の得票者が大統領となる。過半数を得た者が二名以上に及び、しかもその得票が同数のときには、下院は直ちに秘密投票により、そのうちの一名を大統領に選出しなければならない。また、もし過半数を得た者のないときは、得票者の一覧表中の最多数の得票者五名の中から、同一方法により下院が大統領を選出する。ただし、この方法により大統領を選出する場合には、投票は州を単位として行い、各州の下院議員はそれ

ぞれ一州一票を有するものとする。この場合、定足数は全州の三分の二から一人または二人以上の議員が出席することによって成立し、大統領の選出には、全州の過半数を必要とする。この諸方法のいずれかによって大統領の選出を終えたのち、残りの者のうちで最多数の選挙人の投票を得た者が副大統領となる。もしそのとき同数の得票者が二名以上あれば、上院はそのうちから秘密投票によって副大統領を選出しなければならない。(註　この③項は、修正第一二条により改正)

④　合衆国議会は、選挙人選任の時期、また選挙人が投票を行う日を定めることができる。その日は合衆国全体を通じて同じ日でなければならない。

⑤　出生による合衆国市民もしくはこの憲法採択のときに合衆国の市民である者でなければ、大統領に選ばれる資格はない。また年齢三五歳に達しない者、合衆国内に居住してから十四年たっていない者も、大統領となることはできない。

⑥　大統領が免職されるか、死亡または辞職した場合、またはその権限及び義務を遂行する能力を失った場合は、その職務権限は副大統領に委譲される。また合衆国議会は、大統領および副大統領がともに免職、死亡、辞職もしくは不能力となった場合のために、法律により、大統領の職務を行うべき公務員を定めることができる。この公務員は、その規定により、右のような執務不能の状態が解消するか、もしくは大統領が選出されるときまで、その職務を行う。

⑦　大統領は、定時に、その職務に対する報酬を受け、その額は任期のあいだ増減されることは

ない。大統領はその任期のあいだ、合衆国もしくはいずれの州からからも他のいかなる報酬をも受けてはならない。

⑧ 大統領はその職務の遂行を開始する前に、次のような宣誓もしくは確約をしなければならない――「私は合衆国大統領の職務を忠実に遂行し、全力を尽くして合衆国憲法を維持し、保護し、擁護することを厳粛に誓う(もしくは確約する)」。

第二節 ① 大統領は合衆国陸海軍、および現に招集されて合衆国の軍務に服している州の民兵の最高司令官である。大統領は行政各部の長官から、それぞれの部省の職務に関するいかなる事項についても、文書によって意見を徴することができる。また大統領は、合衆国に対する犯罪について、弾劾で有罪の場合をのぞき、刑の執行を延期し、恩赦を行う権限を有する。

② 大統領は、上院の助言と同意を得て、条約を締結する権限を有する。ただしこの場合には、上院の出席議員の三分の二の同意を必要とする。大統領はまた、大使その他の外交使節ならびに領事、最高裁判所の判事を指名し、またこの憲法に任命に関して別段の定めがなく、法律をもって設置される他のすべての合衆国公務員を指名し、上院の助言と同意を得て、これを任命する。ただし、合衆国議会は、法律によって、適当と認める下級公務員の任命権を、大統領のみに、あるいは裁判所に、もしくは各部局の長官に与えることができる。

③ 大統領は、上院閉会中に生ずる一切の公務員の欠員を補充任命する権限を有する。ただし、その任命は次の会期の終わりに効力を失う。

第三節　大統領は、随時、連邦の状況 (the State of the Union) について情報を合衆国議会に提供し、また自ら必要にして良策と考える施策について議会に対し審議するよう勧告する。大統領は、非常の場合には、両議院あるいはその一院を招集することができる。また閉会の時期に関して両院のあいだに意見の一致を欠く場合には、みずから適当と考える時期まで休会させることができる。大統領は大使その他の外交使節を接受する。大統領は、法律が忠実に執行されるよう配慮し、また合衆国のすべての公務員を任命する。

第四節　大統領、副大統領および合衆国すべての文官は、反逆罪、収賄罪あるいはその他重大なる罪過につき弾劾され、有罪の判決を受けた場合には、その職を免ぜられる。

第三条（連邦司法権）

第一節　合衆国の司法権は、一つの最高裁判所と、および合衆国議会が随時制定設置する下級裁判所とに属する。最高裁判所および下級裁判所の判事は、非行のない限り、その職を保ち、またその職務に対し定時に報酬を受ける。その額は在職中減額されることはない。

第二節　①　司法権は、次の諸事件に及ぶ――すなわち、この憲法、合衆国の法律、および合衆国の権限によって締結されまた将来締結されるべき条約にもとづいて発生する、すべての普通法上ならびに衡平法上のすべての事件。大使その他の外交使節および領事に関するすべての事件。海法および海事裁判権に関するすべての事件。合衆国が当事者の一方である訴訟。二つ以上の州の間の訴訟。ある州と他の州の市民との間の訴訟（註　修正第一一条により限定）。相異なる州から付与された土地の権利に関する同じ州の市民間の訴訟。および一州またはその市民と、他の国家または外国市民もしくは臣民とのあいだの訴訟（同）。

② 大使その他の外交使節および領事に関する事件、およびある州が一方の当事者であるすべての事件については、最高裁判所は第一審の管轄権を有する。前項にのべたその他のすべての事件については、最高裁判所は、合衆国議会が定める例外を除き、またその定める規則に従い、法律および事実双方に関する上訴審の管轄権を有する。

③ 弾劾事件を除き、すべての犯罪の審理は陪審制によって行われなければならない。審理はその犯罪が行われた州で行われる。ただし、犯罪地がいずれの州にも属さないときは、審理は、合衆国議会が法律で指定する場所で、これを行うものとする。

第三節　① 合衆国に対する反逆罪を構成するのは、合衆国に対して戦いを起こし、または合衆国の敵に援助および助言を与えてこれに加担する行為に限る。何人も、同一の明白な行為に対する二人の証人の証言があるか、あるいは公開の法廷における自白によるのでなければ、反逆罪で有罪とされない。

② 合衆国議会は反逆罪の刑罰を宣告する権限を有する。ただし、反逆罪にもとづく権利の剥奪のうち、血統汚損（corruption of blood）または財産没収（forfeiture）については、その刑罰を受け

た者が生存しているあいだのみこれを行うことができる。

第四条（連邦制）

第一節　各州は、他州の法令、記録、および司法手続きに対して、十分な信頼および信用を与えなくてはならない。合衆国議会は、これらの法令、記録、および司法手続きを証明する方法およびその効力について、一般的法律によって規定することができる。

第二節　①　各州の市民は、他のいずれの州においても、そこの市民の持つすべての特権および免除特権を享有する権利を有する。

②　ある州において反逆罪、重罪もしくはその他の犯罪をもって告発された者が、裁判を逃れて他の州内にいることが発見されたときは、その逃れた州の行政当局の要求があれば、その犯罪の裁判管轄権を有する州に移すために引き渡されなくてはならない。

③　何人も、一州においてその法律の下に労役に従う義務がある者は、他の州に逃亡した場合でも、その州の法律または規則によって、その労役から解放されるものではなく、その労役に対し権利を有する当事者の請求に従って引き渡されなくてはならない。（註　この項は修正一三条により廃棄）

第三節　①　合衆国議会は、新しい州のこの連邦への加入を認めることができる。ただし既存の州の管轄内に新しい州を形成もしくは創設し、または二つ以上の州もしくはその一部を合併して一州を形成するためには、合衆国議会および関係諸州の州議会との同意を必要とする。

② 合衆国議会は、合衆国に直属する領地(Territory)またはその他の財産を処分し、これに関し必要なすべての規定および規則を制定する権限を有する。この憲法のいかなる規定も合衆国または特定の州の有する権利を損なうように解釈されてはならない。

第四節 合衆国は、この連邦内のすべての州に共和政体を保障する。また侵略に対し各州を防護する。また、州内の暴動に対し、州議会もしくは(州議会の招集が可能でないときは)州執行部の要請に応じて、各州を保護する。

第五条(憲法修正手続き)

合衆国議会は、両議院の三分の二が必要と認めるときは、この憲法に対する修正(amendment)を発議しなければならない。また全州の三分の二の州議会の請求あるときは、修正発議のための憲法会議(convention)を招集しなければならない。いずれの場合でも、修正は、全州の四分の三の州議会によって承認されるか、または四分の三の州における州憲法会議(conventions)によって承認されるときは、あらゆる意味において完全に、この憲法の一部として効力を生じる。二つの承認方法のどちらによるかは、合衆国議会が提議するところによる。ただし、一八〇八年より前に行われる修正によって、第一条第九節一項および四項の規定に、いかなる方法であれ、変更をきたすことはできない。また、いずれの州もその同意なくして、上院における平等の投票権を奪われることはない。

第六条（最高法規）

① この憲法の確定以前に契約されたすべての債務および締結されたすべての約定は、この憲法の下においても連合（Confederation）規約の下におけると同様に合衆国に対して有効である。

② この憲法、これに従って制定される合衆国の法律、および合衆国の権限によってすでに締結されまた将来締結されるすべての条約は、国の最高法規（the supreme law of the land）である。この最高法規によって、すべての州の判事は、各州憲法または州法律にこれに反する規定がある場合といえども、これに拘束される。

③ 先に規定した上院議員ならびに下院議員、各州議会の議員、および合衆国ならびに各州のすべての行政官ならびに司法官は、宣誓あるいは確約によって、この憲法を支持する義務を負う。ただし、合衆国のいかなる公職または信託による職務についても、その資格要件として宗教上の審査を課せられることはない。

第七条（憲法の承認、発効）

この憲法は、九邦の憲法会議で承認されたときは、その承認を行った邦のあいだにおいて確定、発効されたものとする。

修正第一条　（権利の章典といわれる第一〇条までは、一七九一年成立）

合衆国議会は、国教を樹立しまたは自由な宗教活動を禁止する法律、言論もしくは出版の自由を制限する法律、また人民が平穏に集会し、苦情の解消を求めて政府に請願する権利を奪う法律を制定してはならない。

修正第二条

よく規律された民兵は、自由な国家の安全にとって必要であるから、人民が武器を保有し携帯する権利は、これを侵してはならない。

修正第三条

平時においては、所有者の同意なしに、いかなる家屋にも兵士を宿営させてはならない。また戦時においても、法律の定める方法による場合をのぞくほか、同様とする。

修正第四条

不合理な捜索および逮捕または押収に対し、その身体、家屋、書類および所有物の安全を保障されている人民の権利は、これを侵してはならない。いかなる令状も、宣誓または確約によって証拠付けられた相当の理由にもとづくものであってかつ捜索すべき場所および逮捕すべき人または押収すべき物件を特定して記載するものでなければ、これを発してはならない。

修正第五条

何人も、大陪審による告発または起訴によらなければ、死刑にあたる罪またはその他破廉恥重罪について、その責をおわない。ただし、陸海軍において生じた事件、または戦争もしくは公共の危険に際して現に軍務に就いている民兵において生じた事件は、この限りではない。何人も、同一の犯罪のために、重ねてその生命または身体を危険に曝されることはない。何人も、刑事事件において、自己に不利な証人になることを強制されることはなく、また、法の適切な手続き(due process of law)によらずに、生命、自由または財産を奪われることはない。何人も、正当な補償なく、私有する財産を公共の用のために徴収されない。

修正第六条

すべての刑事上の訴追において、被告人は、犯罪が行われた州およびあらかじめ法律により確定された当該地区の公平な陪審による迅速かつ公開の裁判をうける権利を有する。被告人は、嫌疑の性質および理由について告知を受け、自己に不利な証人に対面尋問を求め、自己に有利な証人を得るために強制手続きをとり、また自己の防御のために弁護人の援助を受ける権利を有する。

修正第七条

コモン・ロー上の訴追において、訴額が二〇ドルを超えるときは、陪審による裁判を受ける権利が保障されなければならない。陪審によって認定された事実は、コモン・ローの準則にもとづく場合を除き、合衆国のいかなる裁判所においても、再審理されてはならない。

修正第八条

過大な額の保釈金を要求し、または過大な額の罰金を科してはならない。残虐で異常な刑罰はこれを科してはならない。

修正第九条

この憲法に一定の権利を列挙したことをもって、人民が保有するその他の権利を否定し、または軽視したものと解釈してはならない。

修正第一〇条

この憲法によって、合衆国に委任されず、または州が行使することを禁じられていない権限は、各州または人民に留保される。

修正第一一条　(一七九五年成立)

合衆国の司法権は、合衆国の一州に対して、他の州の市民または外国の市民もしくは臣民によって提起され訴追されるコモン・ローまたはエクイティ上のいかなる訴訟にも及ぶものと解釈してはならない。

修正第一二条（一八〇四年成立）

大統領選挙人は、それぞれの州に会合し、秘密投票によって、大統領および副大統領を選挙する。そのうち少なくとも一人は、選挙人と同一の州の住民であってはならない。選挙人は、投票用紙に大統領に選ぶべき者の名前を記し、別の投票用紙に副大統領に選ぶべき者の名前を記して投票する。選挙人は、大統領候補者として票を得たすべての者と、その得票数を記した一覧表、ならびに副大統領候補者として票を得てすべての者とその得票数を記した一覧表をそれぞれ別に作成し、これに署名し認証した上で封印を施し、上院議長に宛て、合衆国政府の所在地に、これを送付しなければならない。——上院議長は、上院および下院の立会いの下で、認証されているすべての文書を開封し、票を計算する。——大統領候補者として得た最多数の票が、選任された大統領選挙人の総数の過半数のときは、その最多数の票を得た大統領候補者が大統領になる。過半数の票を得た者がないときは、票を得た大統領候補者の一覧表の中の、高得票者の三人以内のものから、下院が秘密投票により直ちに大統領を選出しなければならない。ただし、この方法で大統領を選出するときには、州単位で投票を行い、各州の下院議員がまとまって一票を有するものとする。この場合の定足数は、全州の三分の二の州からそれぞれ一人または二人以上の議員が出席することとし、大統領の選出には、全州の過半数の票を要する。

下院が大統領の選出権を有しているにもかかわらず、次の三月四日までに大統領を選出しないときは、大統領が死亡したときまたその他憲法の定める大統領による職務遂行が不能な事態が生じたときと同様に、副大統領が大統領として職務を行うものとする（註　この部分修正第二十条で改正）。――副大統領候補者として得た最多数の票が、大統領選挙人の総数の過半数のときは、その副大統領候補者が副大統領となる。過半数の票を得た者がいないときは、票を得た副大統領候補者の一覧表の中の、高得票者の二人のものから、上院が副大統領を選出する。この場合の定足数は、上院議員の総数の三分の二とし、選出には上院議員の総数の過半数を要するものとする。ただし、憲法上、大統領職に就く資格を欠く者は、合衆国副大統領職に就く資格も有しない。

修正第一三条（一八六五年成立）

第一節　奴隷またはその意に反する苦役は、適正な手続きにより有罪の宣告を受けた犯罪に対する刑罰として科せられる苦役の場合を除き、合衆国またはその管轄に属するいかなる場所においても存在してはならない。

第二節　合衆国議会は、適切な立法によって、本条を執行する権限を有する。

修正第一四条（一八六八年成立）

第一節　合衆国において出生し、または合衆国に帰化し、その管轄権に服するすべての人は、合衆国およびその居住する州の市民である。いかなる州も、合衆国市民の特権または免除特権を制約する法律を制定しまたは執行してはならない。いかなる州も、法の適正な手続き(due process of law)によらずに、何人からも、生命、自由または財産を奪ってはならない。また、その管轄内にある何人に対しても、法の平等な保護(the equal protection of the laws)を拒んではならない。

第二節　下院議員の数は、課税されないインディアンを除いた各州の総人口を計算し、その人数に比例して各州に配分されなければならない。ただし、合衆国大統領および副大統領の選挙人の選任、合衆国議会の下院議員、州の行政部および司法部の公務員または州議会議員の選挙に際して、年齢満二一年の合衆国市民であってその州に居住する男子に対して、反乱への参加その他の犯罪以外の理由によって、投票権を否定し、またその方法如何を問わずこれを制限する場合には、その州選出の下院議員の数は、その男子市民の数がその州の年齢二一歳以上の男子市民の総数に対して有する割合に応じて、減ぜられるものとする。

第三節　以前に合衆国議会の議員、合衆国の公務員、州議会の議員、州の行政部または司法部の公務員として、合衆国憲法を擁護する宣誓を行いながら、合衆国に対する謀反もしくは反乱に関与し、または合衆国の敵に援助もしくは便宜を与えた者は、合衆国議会の上院議員もしくは下院議員、大統領および副大統領の選挙人となることはできず、また合衆国もしくは州において文武いずれの公職に就くことができない。ただし、合衆国議会は、各議院の三分の二の賛成によって、この欠格を解除することができる。

第四節　法律によって認められた合衆国の公的債務は、謀反または反乱を鎮圧するための役務に対する恩給および報奨金の支払いのために生じた公債を含めて、その効力を争うことはできない。ただし、合衆国またはいかなる州も、合衆国に対する謀反または反乱を援助するために生じたいかなる債務もしくは負債、または奴隷の喪失もしくは解放を理由とする請求に対しては、これを引き受けまたは支払いを行ってはならない。このような債務、負債および請求は、すべて違法かつ無効である。

第五節　合衆国議会は、適切な立法によって、本条を執行する権限を有する。

修正第一五条　（一八七〇年成立）

第一節　合衆国市民の投票権は、合衆国またはいかなる州も、人種、皮膚の色、または従前の強制による苦役に服していたことを理由として、これを拒否しまたは制限してはならない。

第二節　合衆国議会は、適切な立法によって、本条を執行する権限を有する。

修正第一六条　（一九一三年成立）

合衆国議会は、いかなる源泉から生じる所得に対しても、各州に割り当てることなく、また国勢調査または人口算定に準拠することなく、所得税を賦課し徴収する権限を有する。

修正第一七条　（一九一三年成立）

①　合衆国上院は、各州から二人ずつ、その人民によって選挙された任期六年の上院議員で、これを組織する。上院議員は、それぞれ一票の投票権を有する。各州の選挙有権者は、州議会を

構成する議院のうち議員数の最も多い議院の選挙有権者として必要な資格を備えていなければならない。
② 上院において州の代表に欠員が生じたときは、その州の執行部は、その欠員を補充するために選挙の命令を発しなければならない。ただし、州議会は、人民が州議会の定めるところにしたがい選挙によってその欠員を補充するまでの間、州の執行部に対して臨時に上院議員の任命を行う権限を与えることができる
③ この修正条項は、憲法の一体としてその効力が生じる以前に選出された上院議員の選挙または任期に、影響を及ぼすものと解釈してはならない。

修正第一八条（一九一九年成立）

第一節　本条が承認されて一年を経たのちに、合衆国およびその管轄権に属するすべての領地において、飲用の目的をもって酒精飲料を製造、販売、運搬し、または輸入もしくは輸出することを、ここに禁止する。
第二節　合衆国議会および州は、適切な立法によって、本条を執行する同等の権限を有する。
第三節　本条は、合衆国議会が州にこれを付託した日から七年以内に、州議会が憲法の定めるところにより憲法修正として承認しない限り、その効力は生じない。

修正第一九条（一九二〇年成立）

① 合衆国市民の選挙権は、合衆国またはいかなる州も、性別を理由として、これを否定しまた

は制限してはならない。

② 合衆国議会は、適切な立法により、本条を執行する権限を有する。

修正第二〇条（一九三三年成立）

第一節　大統領および副大統領の任期は、本条が承認されなければその任期が終了すべき年の一月二十日正午に終了し、また、上院議員および下院議員の任期は、その任期が終了すべき年の一月三日に終了する。後任者の任期は、その時点から開始する。

第二節　合衆国議会は、少なくとも毎年一回集会する。その集会開会日は、議会が法律によってこれと異なる日を指定する場合を除き、一月三日正午とする。

第三節　大統領の任期の開始時として定められた日時において、大統領に選出された者が死亡している場合には、副大統領に選出された者が大統領になる。大統領がその任期の開始時として定められている日時までに選出されなかった場合、または大統領に選出された者がその資格を満たさない場合には、その者が資格を満たすにいたるまでの間、副大統領に選出された者が、大統領として職務を行う。合衆国議会は、大統領および副大統領に選出された者が、共にその資格を満たさない場合には、誰がその職務を行うか、またいかなる方法でその職務を行う者を選出するかを法律で定めることができる。その法律の定めによって選任された者は、大統領または副大統領がその資格を満たすにいたるまでの間、大統領として職務を行う。

第四節　合衆国議会は、下院に大統領の選出権が委ねられたときに大統領に選出すべき候補者のうちに死亡するものが生じた場合において、および上院に副大統領の選出権が委ねられたときに副大統領に選出すべき候補者のうちに死亡するものが生じた場合において、その措置について法律によって定めることができる。

第五節　第一節および第二節は、本条が承認されたのちの十月十五日にその効力を生ずる。

第六節　本条は、付託された日から七年以内に、全州の四分の三の州議会がこの憲法の修正として承認しないかぎり、その効力を生じない。

修正第二一条（一九三三年成立）

第一節　合衆国憲法修正第一八条は、ここに廃止する。

第二節　合衆国内の州、領地または所有地の法律に反して、これらの地域内における酒精飲料の引渡しまたは使用のために、その地域への輸送または輸入することは、これを禁止する。

第三節　本条は、合衆国議会がこれを各州に付託した日から七年以内に、各州の憲法会議が、憲法の定めるところによって憲法の修正として承認しない限り、効力を生じない。

修正第二二条（一九五一年成立）

第一節　何人も、二回を超えて大統領の職に選出されることはできない。他の者が大統領に選出された際の任期のうち、二年を越える期間にわたってその者に代わって大統領の職にあった者または大統領として職務を行った者は、一回を超えて大統領の職に選出されることはできない。ただし、本条は、本条が合衆国議会により発議されたときに大統領の職にある者に対しては適用されない。また、本条の効力が生ずるときに在任中の大統領または大統領として職務を行う者が、その任期の残りの間、大統領の職に留まり、または大統領としての職務を行うことを妨げない。

第三節　本条は、合衆国議会が各州に付託した日から七年以内に、全州の四分の三の州議会が、憲法に対する修正として承認しない限り、その効力を生じない。

修正第二三条（一九六一年成立）

第一節　合衆国政府の所在地である地区は、合衆国議会の定める方法によって、大統領および副大統領の選挙人を選任する。この選挙人の数は、この地区が州であるとすれば選出する権利をもつ合衆国議会の上院議員および下院議員の総数に等しいものとする。ただし、その数は、いかなる場合でも、人口の最も少ない州の大統領選挙人の数を超えてはならない。この地区の選挙人は、州によって選任される大統領選挙人に追加されるものであるが、ただし、大統領および副大統領の選出の目的のためには、州によって選任された大統領選挙人とみなす。この地区の大統領選挙人は、同地区で会合し、修正第一二条に定める義務を履行する。

第二節　合衆国議会は、適切な立法によって、本条を執行する権限を有する。

修正第二四条（一九六四年成立）

第一節　大統領もしくは副大統領、大統領もしくは副大統領の選挙人、または合衆国議会の上院議員もしくは下院議員のための予備選挙その他の選挙における合衆国市民の投票権は、合衆国またいかなる州も、人頭税その他の租税を納付していないことを理由として、これを否定し、また制限してはならない。

第二節　合衆国議会は、適切な立法によって、本条を執行する権限を有する。

修正第二十五条　（一九六七年成立）

第一節　大統領が免職され、または死亡もしくは辞職したときには、副大統領が大統領となる。

第二節　副大統領の職が空席のときは、大統領が副大統領を指名する。指名された者は、合衆国議会の両院の過半数による承認を得て、副大統領に就任する。

第三節　大統領が、自ら大統領の権限および職務を遂行できないと宣言した書面を上院仮議長および下院議長に送付したときは、大統領が自ら職務を遂行できる状態にあるとの宣言した書面を上院仮議長および下院議長に送付するまでの間、副大統領が大統領代理として、大統領の権限および職務を遂行する。

第四節　副大統領と、行政各部の長の過半数または合衆国議会が法律で定める他の機関の長の過半数とが、上院仮議長および下院議長に対して大統領がその権限および職務を遂行できないと宣言した書面を送付したときは、直ちに副大統領が大統領代理として、その権限および職務を引き受ける。

その後、大統領が、職務遂行の不能状態は存在しないと宣言した書面を上院仮議長および下院議長に送付したときは、大統領はその権限と職務を回復する。ただし、副大統領と、執行各部の長の過半数または合衆国議会の定める他の機関の長の過半数とが、四日以内に、上院仮議長および下院議長に対して大統領がその権限および職務を遂行することが不可能と宣言した書面を送付するときは、この限りではない。この場合、合衆国議会が大統領の職務遂行能力の問題について決定する。このとき合衆国議会が開会中でないときには、四八時間以内にその目的のために招集しなければならない。合衆国議会が後者の書面を受領した後二一日以内に、または合衆国議会が開会していないときは、招集を求められた後二一日以内に、両院の三分の二の多数によって、大統領の権限職務の遂行が不可能と決定する場合には、副大統領が引続き大統領代理として大統領の権限職務を遂行する。その他の場合には、大統領がその権限および職務を回復する。

修正第二六条（一九七一年成立）

第一節　年齢満一八歳以上の合衆国市民の投票権は、合衆国またはいかなる州も、年齢を理由として、これを否定また制限してはならない。

第二節　合衆国議会は、適切な立法によって、本条を執行する権限を有する。

修正第二七条（一九九二年成立）

上院議員および下院議員の職務に対する報酬を改定する法律は、その成立後に行われる下院議員選挙までの間は、その効力は生じない。

（註：合衆国憲法には、各条に見出しあるいはタイトルはついていない。「合衆国議会」「大統領」との見出しは、訳者による。また、条（article）のもとに節（section）はあるが、節のもとの項目に一、二……という仕分けはない。①、②との項目分けをつけたものも訳者によるものである）

【著者】

近藤　健
…こんどう・けん…

1933年、東京都生まれ。

国際基督教大学教養学部社会科学科卒。1957年毎日新聞社入社。

サイゴン（ヴェトナム）特派員としてヴェトナム戦争を取材、その後、ニューヨーク、
ワシントン特派員、外信部長、論説委員などを経て、
1989年国際基督教大学国際関係学科教授。

1999年愛知学院大学文学部国際文化科教授。2003年退職。

専門はアメリカ研究。

主な著書：『アメリカを見る眼』（三修社　1979年）、

『もうひとつの日米関係―フルブライト教育交流四十年』（ジャパン・タイムズ社　1992年）、

『日米摩擦の謎を解く』編著（東洋経済新報社　1994年）、

『アメリカの内なる文化戦争―ブッシュはなぜ再選されたか』（日本評論社　2005年）、

『反米主義』（講談社現代新書　2008年）など。

フィギュール彩㊶
憲法《けんぽう》の誕生《たんじょう》——権力《けんりょく》の危険性《きけんせい》をめぐって
二〇一五年一一月一五日　初版第一刷
著者——近藤　健
発行者——竹内淳夫
発行所——株式会社 彩流社
〒102-0071
東京都千代田区富士見2-2-2
電話：03-3234-5931
ファックス：03-3234-5932
E-mail：sairyusha@sairyusha.co.jp
印刷——明和印刷（株）
製本——（株）村上製本所
装丁——仁川範子

ISBN978-4-7791-7046-1 C0322
http://www.sairyusha.co.jp